CHARCOAL FIRE COOKING

あっぱれ炭火料理

炭文化研究所 編

創森社

炭火クッキングのすすめ〜まえがきに代えて〜

よく「直火焼きなら炭火に勝るものなし」といわれます。それは調理科学などでも明らかにされており、遠赤外線効果がその一つ。ちなみに遠赤外線は熱線ともいわれ、可視光線の外側にあらわれる光線。直火焼きの場合、ガスが熱を不均等に対流で伝え、焼きムラがあるのに対し、炭火は放射熱で均一に加熱します。

しかも炭火は遠赤外線の割合が多いこともあり、食材の内外の温度差を少なくして焼き上がります。炭火の熱源で焼いた食材は、表面にうっすらと焦げ色がついて香ばしく、内部がじんわりとほどよく焼けてうまさが増しています。まさに炭火焼きの醍醐味です。

焼き方の極意は、強火の遠火。焼くときは、決して炭火に食材を近づけすぎないようにします。もちろん、調理の前に炭をおこし、火力を安定させておきます。コンロなどの空気口の開け閉めをおこなったり、ウチワで炭の表面に空気を送ったりします。

炭の種類は炭材や製法などの違いにより、黒炭、白炭、成型炭に大別されます。黒炭はナラ、クリ、クヌギなどを用い、点火しやす

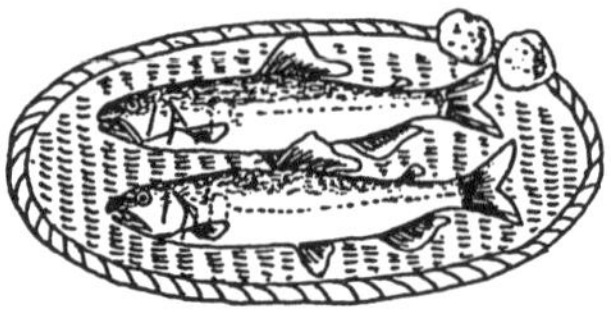

く燃え方が早く、火力が強いのが特徴。白炭はカシ、ナラなどを用い、点火しにくく燃焼がゆるやかで火力が強く火持ちがよいのが特徴です。紀州備長炭が代表格です。成型炭はオガライト（オガ屑を圧縮、成型）を用いたオガ炭が主力です。

時間、場所、場合のＴＰＯや食材などに合わせて最適の炭を選んで炭火クッキングで至福のひとときを過ごしたいものです。

ところで、私たちが最近もっとも気にかけているのは、日本の炭の現状です。

昔は炭火で暖をとることが多かったので、黒炭が圧倒的に多かったのですが、ガスや電気ほかの熱源が普及したことにより、炭の生産量は激減しています。

昭和二九年に二〇〇万ｔあった炭は、驚くべきことに大幅に減少してしまい、現在は数万ｔ。そのうち備長炭《びんちょうたん》は一万ｔもないぐらいです。備長炭の原料となるカシは、一回木を伐採してしまうと、次に炭にできるまでには二五〜三〇年間も待たねばならず、伐りやすいところはみんな伐ってしまった現状では、山の上や崖っぷちに行かねば木がありません。その仕事のきつさゆえに若い人が後を継がないというようなことも現実化しています。

最近は炭がちょっとしたブームになって、輸入ものの炭が大量に

安く入ってくるようになりました。国内の炭専門業者は品質を守って、いいものを適正価格で販売しようと努めていますが、あまりの価格差に黒炭の優良産地の岩手、青森県の生産者などが生産意欲をそがれているのも事実です。これはやはり困ったことだなと憂えています。

炭は世界中で生産されていますが、日本の炭は世界一の技術によるすばらしい炭です。七、八年から三十年あまりにかけて生長した木を伐って、炭にしていく——。この早いサイクルの世の中、こんなに悠久のロマンが感じられるものがいまどきあるでしょうか。日本の炭の将来のためには、やはり長い目で見て、いい炭をめざさなければなりません。炭に対する思い、皆さんも炭火を見つめて利用すればきっとおわかりいただけることでしょう。

炭火クッキングをしようと本書を手にとられた方々には、心のゆとりを贅沢《ぜいたく》に持って、炭火が与えてくれる豊かさを思う存分味わっていただきたいと願わずにはいられません。

令和六年十月

炭文化研究所

＊本書は、『「遊び尽くし」炭火クッキング道楽』（一九九五年刊）を改題し、一部改訂して復刊したものです。本文中の店名、製造元名などは当時のままです。

あっぱれ炭火料理――目次

●目　次

III 穀菜の野趣——豊穣の至福を味わう　87

備長炭（ウバメガシ）

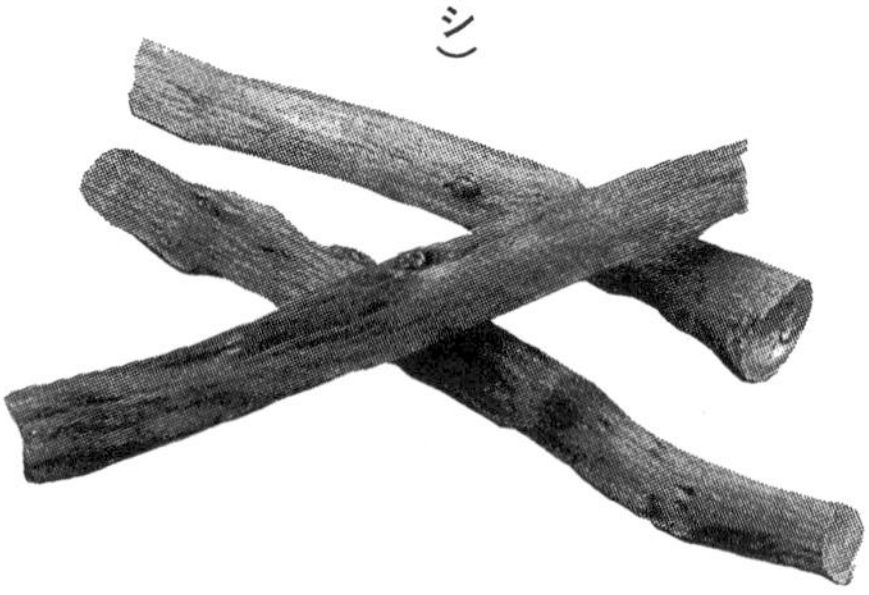

企画編集――いわかみ麻織
執筆協力――池田悦子
編集協力――岩谷　徹
取材協力――炭やきの会名誉会長・岸本定吉
横浜国立大学教授・渋川祥子
泥味亭・大森　博
由多加・古市　健
びんてふ友の會・清水　虔
国際炭やき協力会・広若　剛

I

肉の競演

歓喜の舌鼓を打つ

牛タンの炭火焼き

ステーキの王道 なぜかうまい直火焼きの妙

●思いきり最上をめざす

網にのせた極上の牛肉から脂がほどよくしたたり落ち、ジュージューと心地いい音と魅惑のにおいが広がる。ひと口含めば、えもいわれぬやわらかさ、うまさ、深い味わい。炭火焼きの醍醐味を味わえるなら、まずはなんといっても網焼きステーキに挑戦したい。

ところで、なぜ炭火なのかって。

炭火料理は、いまや「生活を味わうゆとり、豊かさ」なんだなぁ。食べ物の真髄を求めて、ひたすらうまさを追う楽しさ。ひととき「料理の鉄人」気分を味わえる贅沢《ぜいたく》さ。だから、手早く簡単、そこそこおいしければいいというのならば、炭を用いる必要はない。

炭は備長炭《びんちょうたん》、肉は国産和牛と思いきりきばって最上をめざす。ビーフステーキのコツは、肉汁のうまみを外に逃がさないようにすることだが、炭火ならばうまくゆく。

●今夜はステーキに決めた

炭火で焼くとなぜうまいのか。それは、ガスが熱を不均等に対流で伝えるのに対して、炭火は遠赤外線を多く含み、放射熱なので均一に火の強さが伝わるからだ。そのため身の内外の温度差が少なく、うまみが生きる。

次に、直火焼きでは、ほどよく落ちる脂肪が燻蒸《くんじょう》効果をあげる。やわらかでジューシーな焼き上がり。なんともいえないトロトロ状態。ころあいを見計らって味わう。うまい。

極上牛肉は備長炭で焼くに限る。レアかレアミディアムかミディアムかは、あなたのお好みしだい。

よしっ、今夜は炭焼きステーキに決めた。

たまには極上の牛肉をそろえる

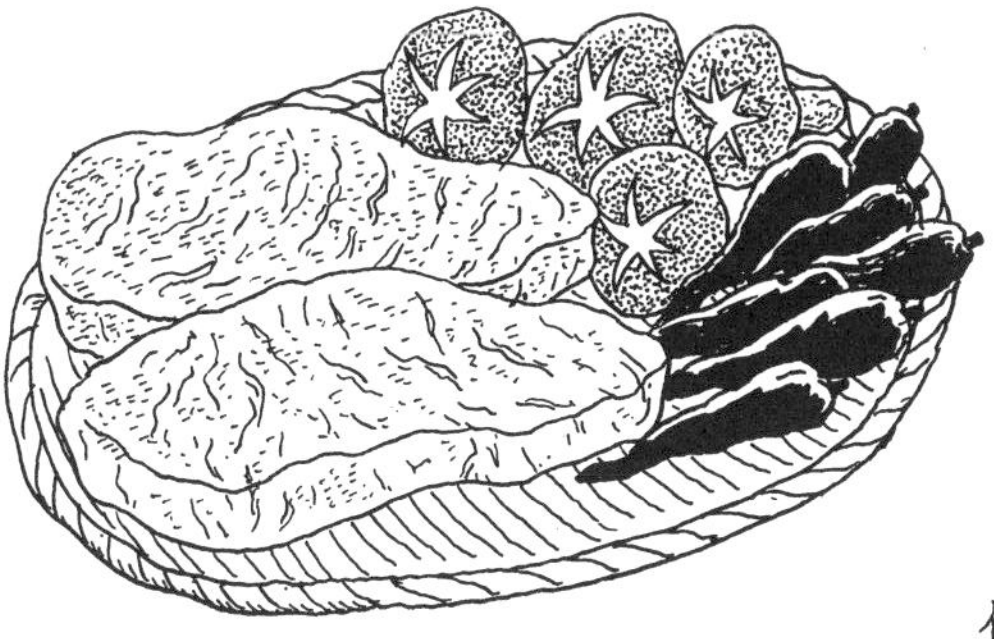

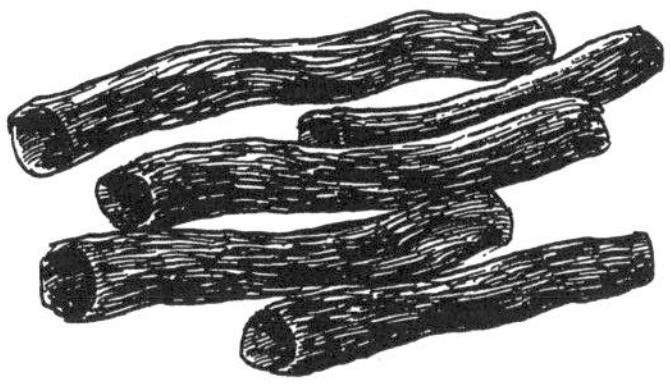

備長炭は、世界の炭の傑作

炭火で焼くとほどよく脂身が落ち、
肉のうまみがよりひきだされる。

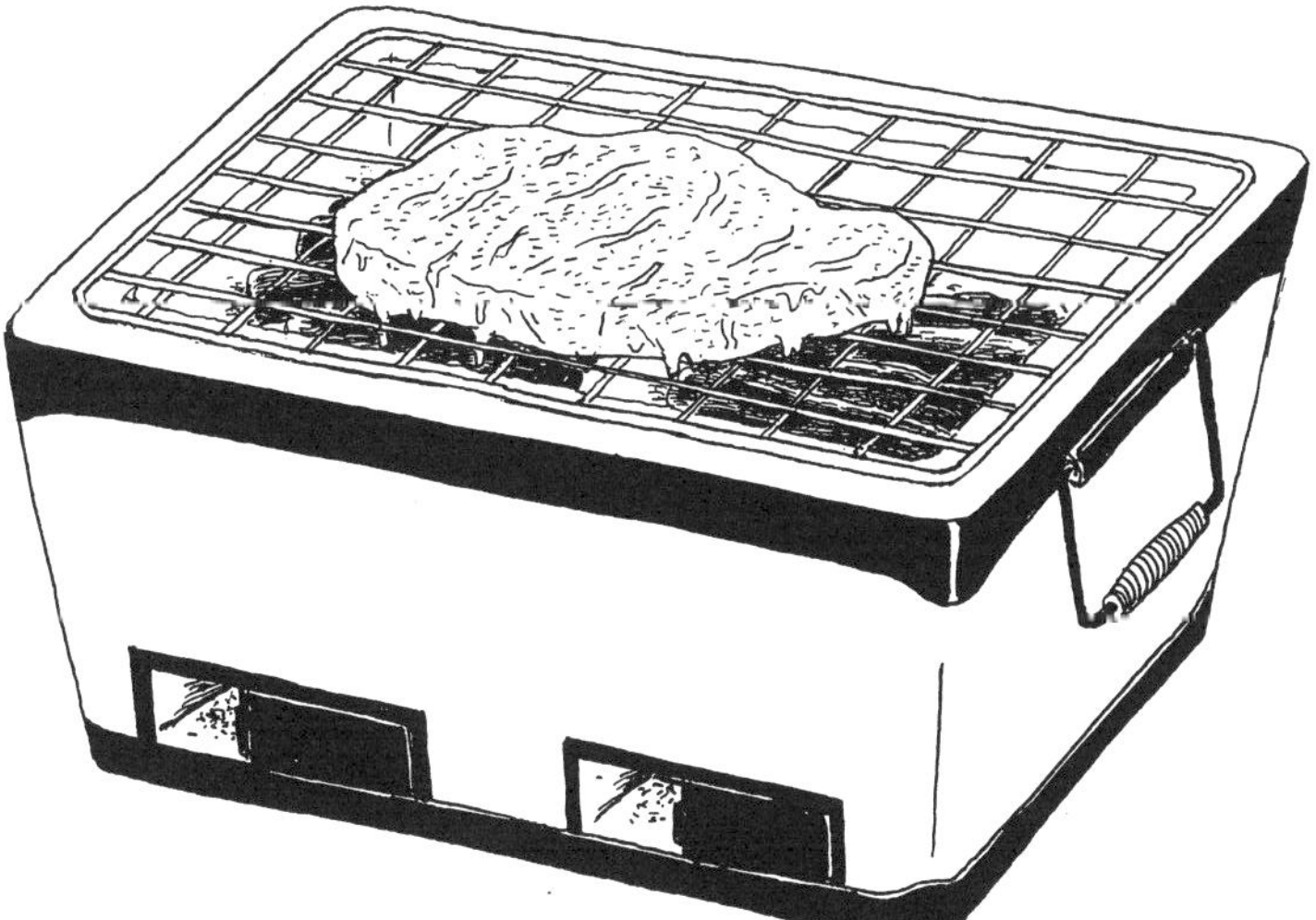

ステーキの王道 じっくり吟味の肉とたれ

●ステーキ肉の御三家

おいしい肉は肉質やわらかで、味がよく、ほどよく脂肪分があり、スジが少ない。ならば、ステーキ肉の御三家はこれしかない。

リブロースは半分ほど肩に寄ったロース部分。すきやき、ローストビーフにも最上品。

サーロインはももに寄った腰付近のロース部分で、レア、ミディアム、ウェルダン、どんな焼き加減でも魅力を発揮する。

牛ヒレは一頭分の重量からわずか三%しかとれず、肉はきめ細かく、脂肪が少ない。ローストにも最適。フランス語でフィレ。

サーロインの別格なのがTボーン。ロース骨をつけたまま、サーロインの内側のヒレもカットしているため、断面の骨の形がT字形をしていることから、その名がついた。アメリカ人に好まれ、別名ニューヨークカットとも呼ばれている。

肉のやわらかさでは、ランプもひけはとらない。肩ロースやももはややスジっぽくなるので、薄切りにして焼くほうがいい。

●あっさりと和風もいい

上質の肉ならば、塩コショウで味つけしただけでも十分おいしい。

ステーキでは、タマネギ、ニンジン、パセリ、セロリなどの野菜とともに肉をサラダ油の中に漬けて、下味をつけることもある。タマネギのおろしたものに漬けるシャリアピンステーキなどがその代表格だろう。

みそ漬けや粕《かす》漬けなども変わり味でいい。和風ステーキは大根おろしにしょうゆであっさりと。これがまた、うまいんだな。

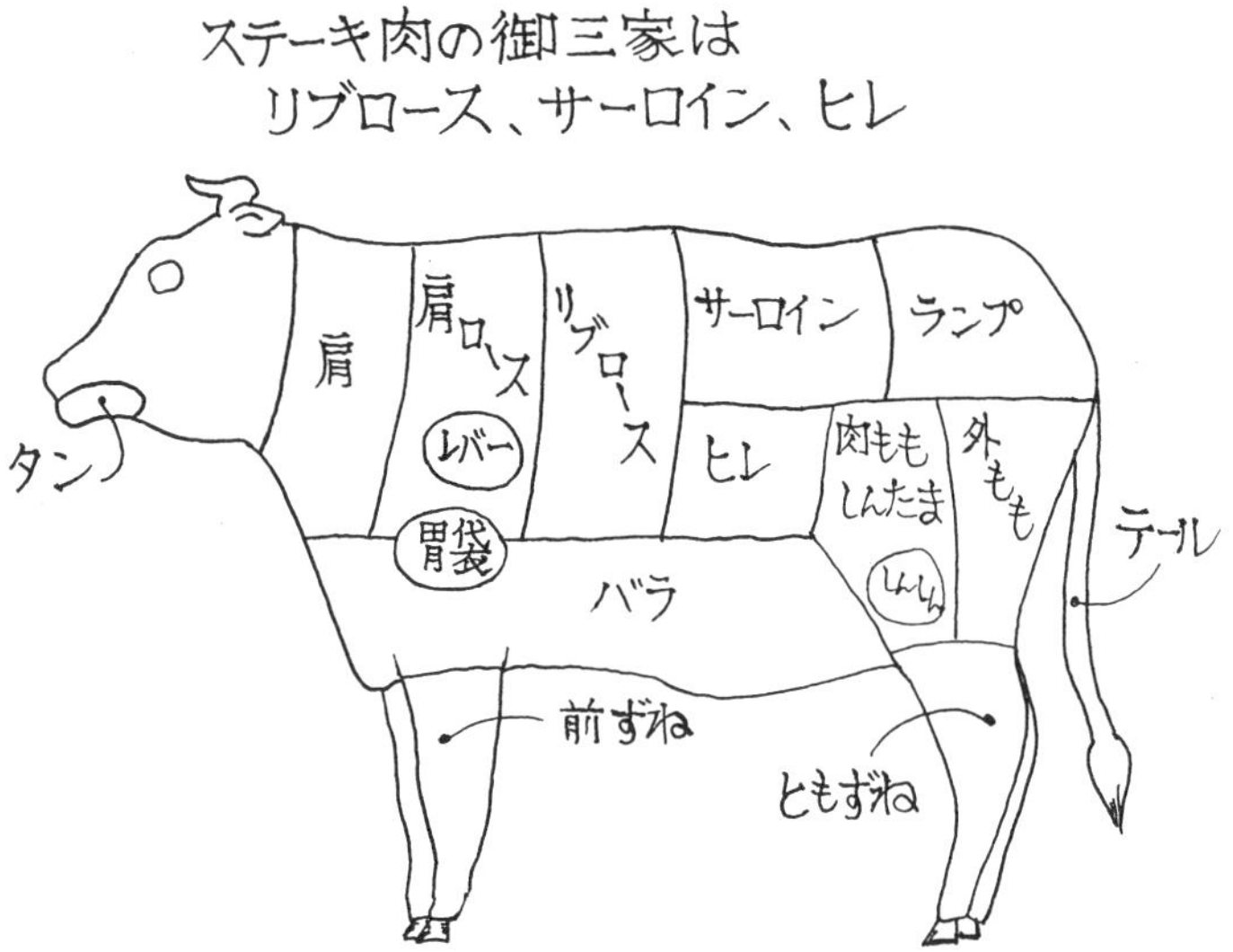
ステーキ肉の御三家は
リブロース、サーロイン、ヒレ
肩
肩ロース
リブロース
サーロイン
ランプ
レバー
ヒレ
肉もも しんたま
外もも
タン
胃袋
バラ
しんしん
テール
前ずね
ともずね

おすすめ和風たれ4種
ニンニク・ショウガだれ
ポン酢だれ
おろしだれ
ゴマだれ

ステーキの王道
王様サーロインの焼き加減

●塩コショウは直前に

さて、用意したのはステーキの王様サーロイン。肉本来の味わいを生かして、味つけはごくシンプルに。サーロインは一㎝ぐらいの厚さのほうが炭火焼きでは美味に仕上がる。

冷蔵庫の肉は火の通りがよくなるように、焼く前の五～六分室温に出しておく。次に、脂と肉の間のスジを数か所切る。たたくと肉がやわらかくなるといわれるが、もともと上質の肉ならたたかなくても十分やわらかい。

味つけは塩コショウ。焼く直前にふる。時間がたつと塩分が肉の線維をひきしめて火の通りも悪くなる。上質の肉ならば塩だけでうまい。ニンニクの切り口を肉にすりつけてから、塩コショウしても風味がいい。

ほかに、たれをハケで塗りながら焼く方法がある。ちょっとかための肉ならばサラダ油に漬けておくとやわらかくなる。

●ひと呼吸おけば、レア

素焼き用バーベキューコンロか飛騨コンロで炭をおこす。炭の炎があがって落ち着けば焼きごろ。網をよく熱し、でき上がりに表側になる面から焼く。強火で一～二分、軽く焦げ目がついたら、裏返す。強火で肉のうまみをとじ込め、何度も返さないのがポイント。

裏返してひと呼吸おけばレア、肉からジュワッと血がにじむくらいがミディアムレア、ウェルダンならじっくりと。

三重県松阪市の老舗《しにせ》では、ビールなどで肥育した最高級松阪牛のステーキをしょうゆなどで和風に食べさせてくれる。ステーキとしょうゆの素敵な味わいに乾杯！

〔松阪牛の網焼きステーキ〕

老舗・和田金などの網焼きステーキは、ヒレ肉を使う。たれにくぐらせ、両面を炭火でさっと焼いて食べる。つけ合わせは、生シイタケ、ニンジン、タマネギ、シシトウガラシなど

焼き鳥の幸せ　正肉とネギマは正統派

●専門店で基本コースを調達する

赤提灯で焼き鳥を肴《さかな》にキュ～ッと一杯。このささやかな幸せが、彼女といっしょの炭火焼きならば、でっかい幸せに変化する。

ひとたび焼き鳥の魅力にとりつかれれば、「今夜も焼き鳥！」。女性はひとりではなかなか縄のれんをくぐれないから、家庭で作る炭火焼き鳥は、喜ばれることうけあいだ。

最近はトリ肉専門店で、串に刺して売っているので、基本コースがひと通りそろえられる。それらを購入しても外食や惣菜の焼き鳥よりはるかに安上がりだ。正肉（ももや胸肉部分）、レバー、砂肝、手羽、ネギマなどのほか、アイガモやスズメなども売られている。

手軽にすませたいときは生の串刺しのものを利用すればいいが、地鶏、比内《ひない》鶏、名古屋コーチン、シャモなど、その店こだわりのものを購入して自分で串刺しすれば、幸せ度もグンとアップする。炭は備長炭。ただし、焼きすぎないよう注意する。

●ネギの代わりにシシトウも美味

正肉は焼き上がったとき、ひと口で食べられる二cmくらいの角形に切る。竹串にすき間をあけないように四～五個刺して、焼きやすいように、平べったい面を作っておく。

味つけは塩、たれお好みで。上質の肉ならばトリそのものを味わうために塩がおすすめ。素焼きコンロの上で脂がしたたり落ちるのを眺めながら、こんがり焼きたてを口に運ぶ。

正統派のバリエーションはネギマ。トリ肉と三cmくらいに切ったネギを交互にはさんでいく。ネギの代わりにシシトウでも美味。

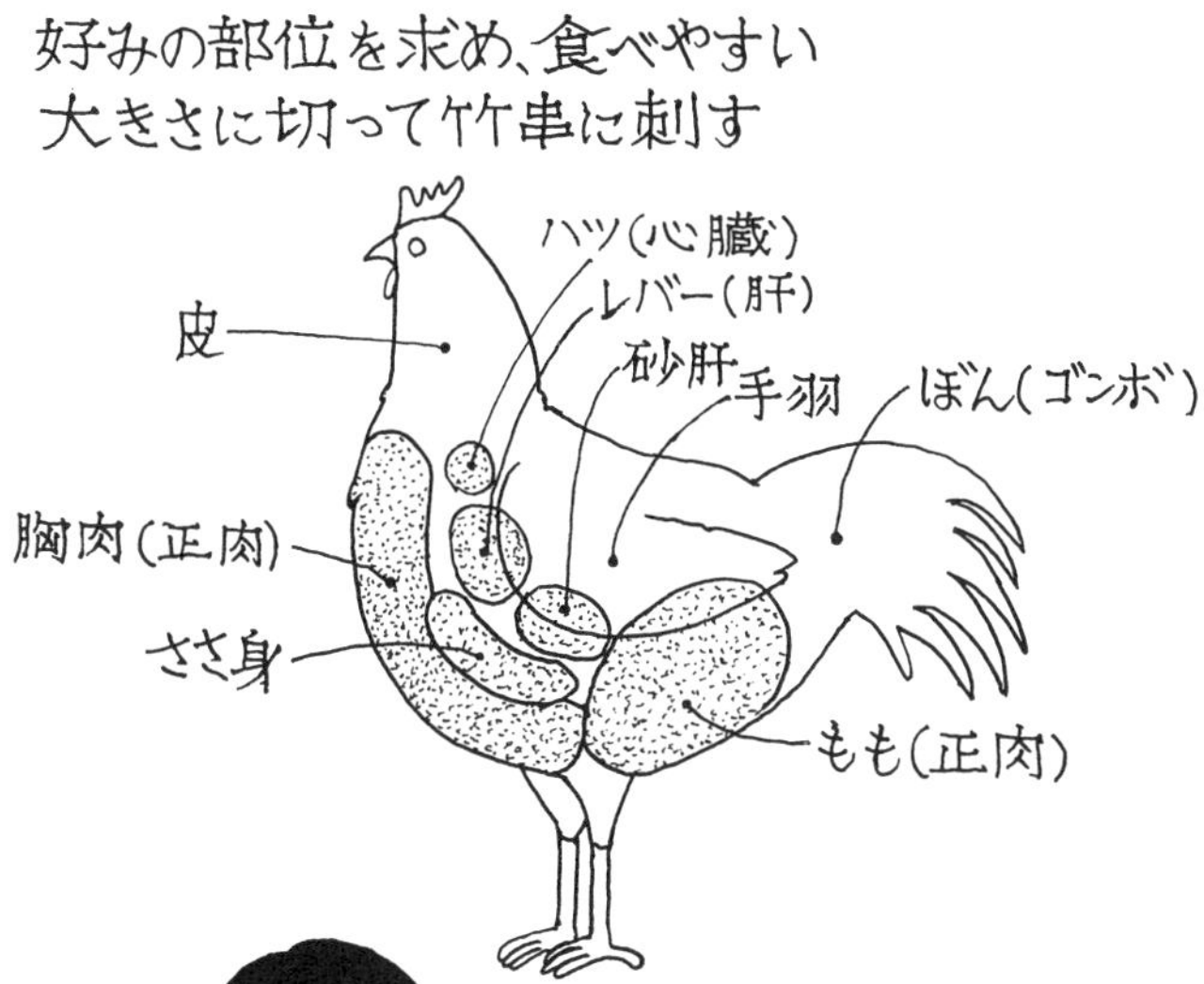
好みの部位を求め、食べやすい
大きさに切って竹串に刺す
ハツ(心臓)
レバー(肝)
皮
砂肝
手羽
ぼん(ゴンボ)
胸肉(正肉)
ささ身
もも(正肉)

脂がしたたり落ちるのを眺めながら、
焼きたてを口に運ぶと幸せ度アップ

焼き鳥の幸せ ツクネは店の看板娘

●秘伝は「言わぬが花」

焼き鳥屋で「店の味」といわれるのが、ツクネ。トリ肉の配合、ひき方、味つけなどが企業秘密で、店のオリジナリティーが出る。具は、トリ肉だけで作るか、それだけではあっさりしているので豚や牛のひき肉を合わせるなどのくふうがみられる。

調理方法も生のものを焼いたり、あらかじめ蒸したり、ゆでたりして半調理したものを焼くなどさまざま。

一番違うのは形である。まん丸いツクネがダンゴ状に刺してあったり、焼き面を丸く平べったい形にしたり、二本の串にきりたんぽのように棒状についていたりする。

ツクネはたくさん作っておいて、半調理し冷凍しておくと、ツクネ鍋など料理の一品に応用できて便利このうえない。

●わが家の味をアレンジしよう

たねはトリひき肉をメインに、長ネギのみじん切り、ショウガの搾り汁、下味として酒、塩、好みでコショウや隠し味のしょうゆをほんの少量たらし、それにつなぎの片栗粉。

これらをボールに入れて手でこねて粘りを出す。なめらかな舌ざわりにするには、ひき肉を包丁の背でたたいておくといい。

ねっとりとなったら、だんご状にして串に刺す。左手でたねをにぎって親指と人さし指の間からひと口大に絞り出し、右手で水で濡らしたスプーンですくい取ると、形よくまとまる。平らな串の場合は、きりたんぽ状ににぎるといい。

味つけは塩、たれ、どちらでもイケる。

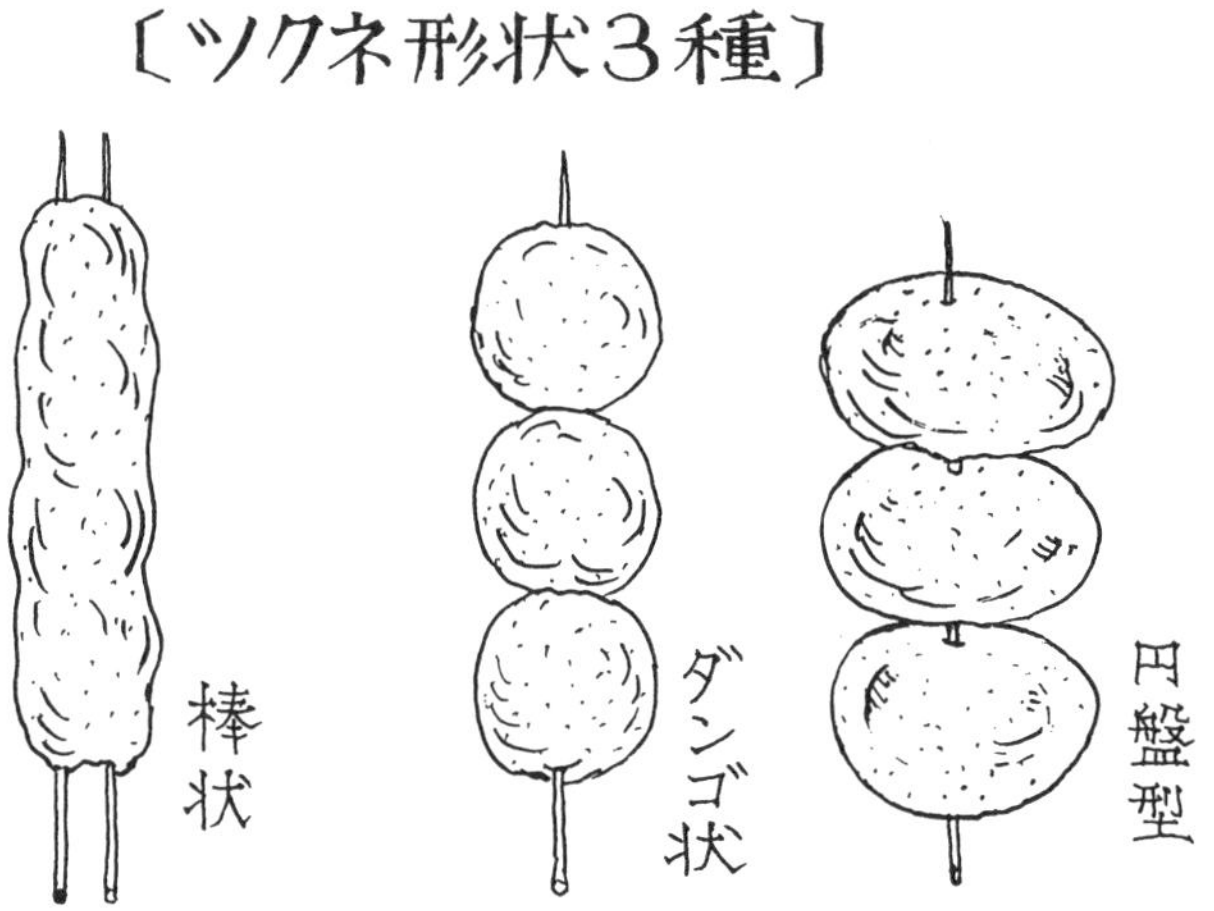
〔ツクネ形状3種〕
棒状
ダンゴ状
円盤型

〔トリひき肉を主に自分流ツクネを作る〕
長ネギ、ショウガ、酒、塩、
コショウなどで下味をつけ、
つなぎの片栗粉で粘りを出す
酒
塩
コショー
片栗粉

遊び心が冴える変わり刺し

●焼き鳥の幸せ

●アラカルトの楽しさ

焼き鳥通の中には、皮を最初に注文してうまければ、その店の焼き鳥はうまいと決定づける御仁がいる。皮の隠れファンは多い。

とくにヒナ皮は肉がやわらかく、炭火焼きではほどよく脂肪が落ちてくれるので、とろけるような味わいになる。

皮が苦手な人は、手羽先から馴染もう。

トリモツはレバー、砂肝、心臓の部分。専門店では血抜きした心臓がハツの名称で売られている。レバーも水に漬けて血抜きが必要で、くさみを消すためにたれの味つけが多い。

ササミはワサビやねりウメを塗って焼くさび焼き、ウメ焼き、明太子をのせるめんたい焼き、シソを巻くシソ焼きなどがあり、アスパラ、インゲンなどの野菜を巻く店もある。淡泊な味だけにバリエーションを楽しみたい。

ほかの部位では尾っぽの肉で脂が乗っているぼん（ゴンボ）、軟骨でコリコリした歯ごたえがたまらないやげんなどがある。

トリの種類ではウズラ、スズメ、アイガモなどが、専門店で入手できる。

●野菜や卵も大活躍

変わり刺しは遊び心でメニューを増やしていこう。ピーマンの肉詰め、生シイタケのとろろのせなど。アスパラガスは根元の皮の部分を削り、四つぐらいに切る。シメジは小房に分けて串に刺す。ほかにネギ、シシトウなど。これらの野菜はサラダ油を塗ってから焼き、途中で塩、しょうゆ、またはたれをつける。ギンナンやウズラの卵も焼き鳥専門店ではポピュラーだ。

〔焼き鳥のバリエーションを楽しむ〕

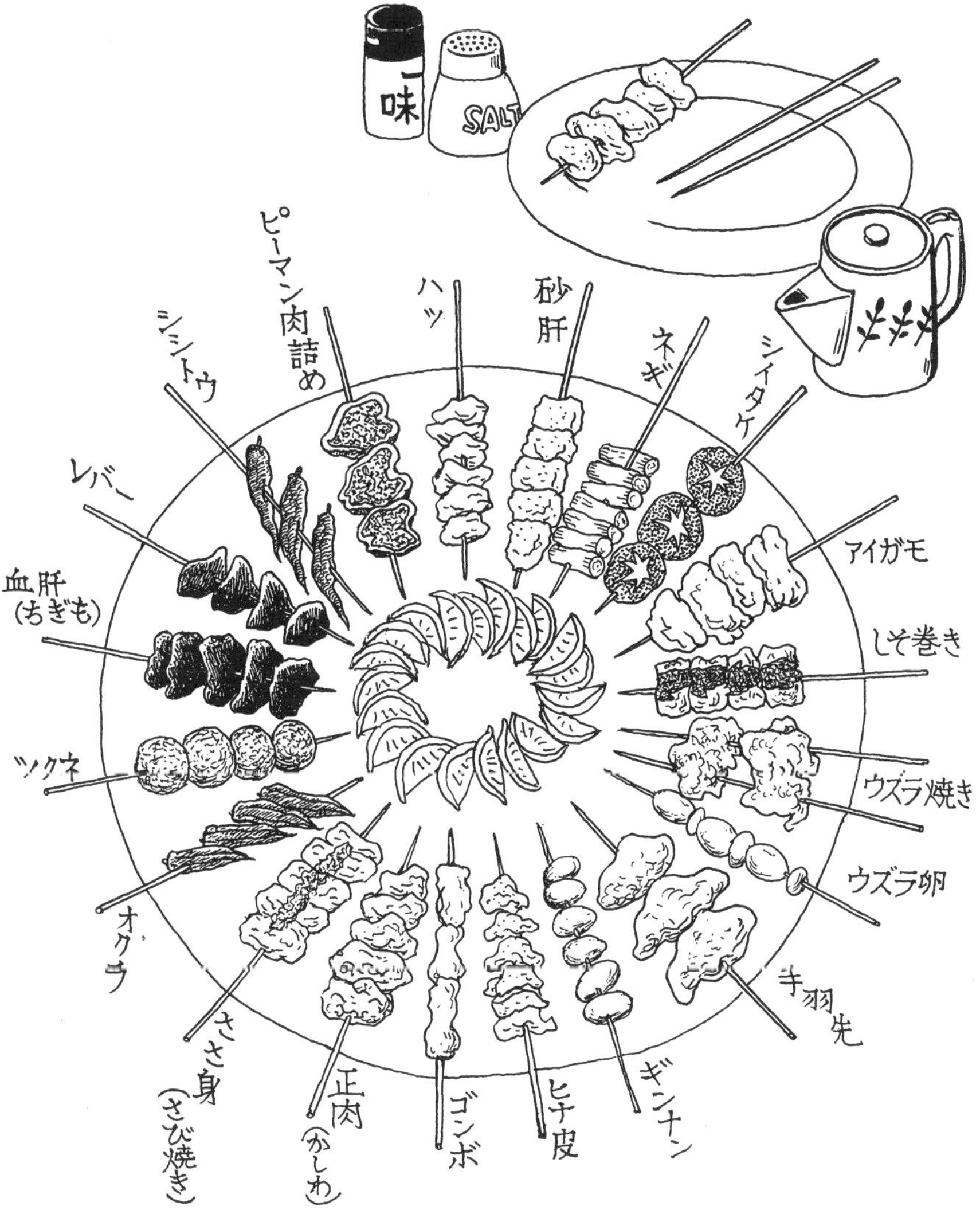

焼き鳥の幸せ

たれと塩が味の決め手

●アルコールを煮きって使う

たれがよければすべてよし。味の決め手はやはりたれだから、たれのうまさも独自に追求していきたい。

たれは、みりんと酒を合わせたもの二に対し、しょうゆ一の割合。みりんの割合が多いと甘めのたれになり、焼いたときてりもよく出る。しょうゆは、たまりじょうゆを少々加えると色、味わいともにコクを増す。

みりんと酒を鍋に入れて火にかけ、沸騰してきたら、マッチをすって表面に近づけると火がつき青白い炎でボーッと勢いよく燃える。

こうしてアルコール分を煮きったものに、しょうゆを加える。たれは串をそのまま入れられるような丸い筒型の容器や、かめに入れて用いると使いやすい。

使ったたれにはトリのエキスがしみ出ているから、捨ててしまうのはもったいない。いったん火を入れてアクを取ったら、こして別の密閉容器に移し、冷めてから冷蔵しておく。次回にはまた新しいたれを作り、足して使うといい。このたれは正肉に最適。

●さっぱり味に仕上げたい

レバーなどのモツ類も、同じたれが使えるが、好みで、ショウガ汁、塩コショウで味つけしてもいい。甘めが好きな人は、砂糖を少量加える。

トウガラシを入れた漬け汁に十数分漬けてから焼いても美味。

塩で焼いて、レモン汁をかけて食べるのが定番ともいえるのは砂肝。あとはたれ、塩、お好みでどうぞ。

正肉(かしわ)に自家製たれを
つけて、さっと焼く。
火加減がうまさの決め手

ハツやタンの塩焼きは、粉サンショウと
レモン汁をかけて食べると味がひきたつ

焼き方は赤提灯に学ぶ

焼き鳥の幸せ

●ハタと手を打つ膝を打つ

備長炭はいったん火をおこすと火力が長もちするから、焼き鳥にはもってこい。コンロの上はあらかじめ、たれ、塩のものを並べる定位置を決めておこう。

中火が最適だが、ウチワを使うときは上からバタバタあおぐのでなく、コンロに並行にあおいで風を送る程度に。

初心者は串を返すときにハタと気づくのだが、あまり根元まで肉を刺しておくと、熱いおもいをしがち。竹串は塩水につけておくと焦げにくい。または、ホイルで巻いて根元の部分はコンロから出しておく。

塩は最初にふっておき、たれのものは少し焦げ目をつけてから、たれに三度くらいつけ焼きをする。

ハツは塩だけでなく、酒も少量ふりかけ、焼きたてにレモン汁をかけて食べると美味。

●つけ合わせも自由自在

さぁ、焼けた。そのまま口へパクリもいいが、店によっては大根おろしお代わり自由だったり、大根おろしにウズラの卵をのせてくれる。これにしょうゆをかけてそのまま食べてもよし、トリ肉につけて食べてもよし。

また、つけ合わせとして大きくちぎったキャベツを自由に食べさせてくれる店もある。箸《はし》休め的に食べるキャベツが実にうまい。

このように、日ごろ赤提灯で学んだ味と技術を存分に発揮できるのが、焼き鳥料理のいいところ。味と技術を「盗む」ために、焼き鳥店通いに別の楽しみが生まれるかもしれない。こうなると、酔ってなどいられなくなる。

焼き鳥のつけ合わせに、大きくちぎった
キャベツや大根おろしが適している

焼き鳥店へ場数をふみ、さりげなく
焼き方を観察する

焼き肉の絶好調　日韓焼き肉話あれこれ

●本場韓国では専門店方式が多い

日本人の焼き肉好きは有名だが、その情熱にかけては本場韓国のほうが圧倒的にすごい。韓国の焼き肉が日本のものと同じと思っていると、本場へ行って戸惑うことになる。

初めに、日韓焼き肉の比較をしておこう。大きな違いは、日本では一つの焼き肉店で各種料理が食べられるが、韓国ではカルビならばカルビ専門店、ロースに似たプルコギならばプルコギ専門店、塩焼き専門店というように分かれているところに特徴がある。

また、焼く材料も違う。タマネギ、ピーマン、ニンジン、シイタケなど野菜も焼いて食べるのが日本ならば、野菜は焼かずにレタスなどの生野菜に包んで食べるのが韓国式だ。

日本でも、肉を包んで食べる姿を見かけるが、それでも栄養バランスを考えてか、たいていの客が野菜の皿を注文する。

●炭火で焼くのは日韓共通

このほか日本ではモツを焼くが、韓国では焼かずに煮込んで食べるのが一般的。モツは煮込んだほうがうまいという断固たる哲学があるのだろう。

そして、決定的な違いはたれ。日本ではしょうゆ味のたれに漬けて焼き、焼けたものをさらにたれにつけて食べるのがふつう。

ところが本場韓国では、基本的にたれに漬けて焼いた肉をそのまま食べる。もちろん、例外はあるが、たれをつけて食べることは少ないのだ。

もちろん韓国でも炭火の焼き肉である。

本場・韓国では、カルビなど
部位ごとの専門店方式
日本の焼き肉料理店では、ほとんどの
部位をそろえており、たれにつけたものを
焼き、さらにたれにつけて
食べる

焼き肉の絶好調 ロースとカルビを極める

●「火の肉」を網焼きに

いわゆるロースは、韓国ではプルコギがもっとも近い。プルコギは「火の肉」という意味で、いかにも炭火であぶって食す独特のニュアンスが出ている。

肩ロース、リブロース、ランプ、サーロインなどを使う。ロースの漬け汁は、酒、しょうゆ、ゴマ油、黒砂糖、ニンニク、化学調味料、コショウなどを調合して作っておき、いざ焼き肉という一〇分前くらいに漬ける。

あとは七輪に丸網をのせて網焼きにする。

●塩焼きやジンギスカンにひとくふう

ソドム・クィ。これは塩焼きだ。ロースを薄切りか、五~六㎜の厚さの切り身にして、塩とゴマ油と好みでニンニク少々の中に漬けておき、じっくりと炭火で焼く。

ジンギスカン風ならば、焼き肉以外にサニーレタス、キムチ、ネギの細切り、ダイコンの細切りなどを用意し、これらとまぜながら食べる。好みで天醬《テンジャン》をつけ、さらにコチジャン(トウガラシみそ)をつけて食べる。

●ナシとタマネギをすりおろす

カルビ・クィはあばら肉や三枚肉を焼いたもの。骨つき肉を電気ノコで三㎝ぐらいに切り、包丁で薄くそいで伸ばしていく。漬け汁はロース同様だが、ナシ(リンゴでもいい)とタマネギのすりおろしをからめ、肉を四~五日間漬ける。こうすれば脂肪分にもしっかりと味がつく。くだものを用いると甘味がつくほか、肉をやわらかくする効果もある。

これを焼いて、レタスなどの生野菜に巻いて食べる。

〔焼き肉の両横綱〕
ロース
カルビ
〔やみつきになる骨つきカルビ〕
備長炭で焼く骨つきカルビは、
口の中でとけるようなやわらかさで
コクがある

焼き肉の絶好調 焼き方とたれの基本を知る

●サムギョプサルにワクワク

ソウルの夜はメインストリートに肉や魚介類などを炭火で焼いて食べさせてくれる屋台が並ぶ。屋台はもちろんだが、フラリと焼き肉店に入ってビールを飲み、満腹に食べても、日本と比べてびっくりするほどの安さだ。

何を頼んでいいかわからなくても、周囲で一番多く食べているものを頼むと豚肉だったりする。

サムギョプサルは豚のバラ肉の薄切りを素焼きにして、たれをつけて食べる。たれは、しょうゆ、ゴマ油、トウガラシの粉、すりおろしニンニクなどで作る。塩、ゴマ油、すりおろしニンニクにつけて食べることもある。

焼き肉の場合、牛肉はやや厚く切って、強火で短時間に焼き上げる。そうしないと、うまみが汁とともに出てしまい、肉のやわらかさが失われる。

豚肉は生焼けは禁物。そこで、薄切りにして強火で中までしっかり火を通すのだ。

●まず、砂糖を材料にすり込む

家庭で焼き肉を楽しむのなら、次の割合のたれがおすすめ。しょうゆ二、砂糖一、酒一、ゴマ油一、長ネギみじん切り、おろしニンニク、コショウの割合。

砂糖を材料にすり込み、塩コショウしてもんだあと、しょうゆ、酒、ネギ、ニンニクを加えて、最後にゴマ油を入れる。

食べるたれは、しょうゆ二、みりん一、酒一の割合をいったん煮たてて、冷ましたものを用いる。食べるときに好みでコチジャンを入れるといい。

〔夜のソウルのメインストリート〕

屋台で薄切りにした豚のバラ肉を
焼いて食べる

〔家庭用のたれ〕

〔材料〕

しょうゆ2、砂糖、酒1、ゴマ油1の割合。これに長ネギみじん切り、おろしニンニク、コショウを入れる。好みでコチジャンを加えてもいい

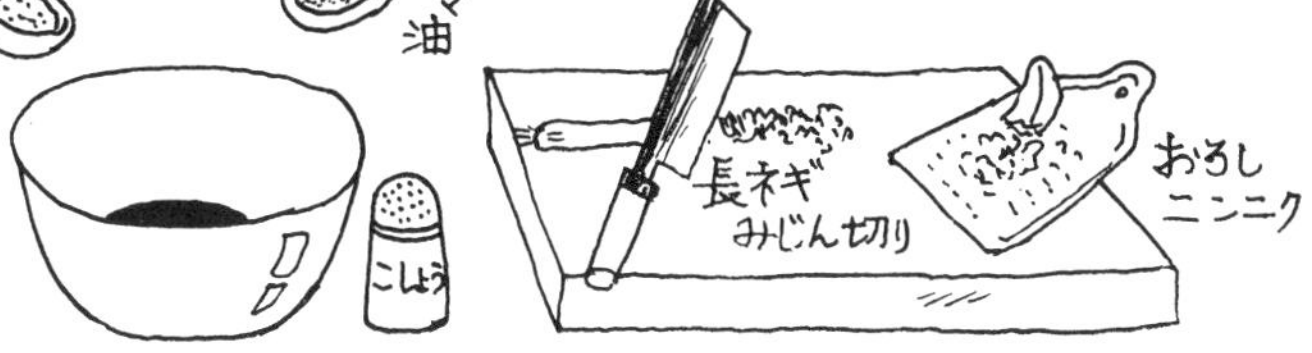

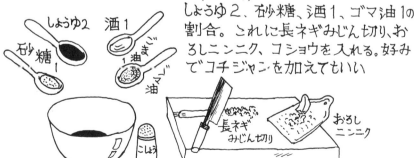

焼き肉の絶好調 秘伝のたれを大開陳

●何を入れるかはお好みで

市販のたれも最近は高級なものが出回ってきた。これらを使うのもいいが、せっかくならば自家製たれを作ってしまえば、おいしさが倍加する。

香辛料を加えて自由自在にパンチのきいたたれを作ることができる。

ある専門店ではしょうゆ、みりん、酒に加えて砂糖をまぜ、火にかけて沸騰したところで、ワインを加えて火を止めている。このワインが秘訣。あとは好みでニンニク、ショウガなどをすり込み、すった白ゴマを散らす。

このたれを漬け汁にするときは薄めてゴマ油を数滴たらし、半日近く漬け込んでおく。

また、しょうゆにトウガラシ、タマネギとニンニクのスライス、サンショウなどをまぜ合わせて味を調節し、中華調味料の五香(陳皮、肉桂、丁字など)を加える店もある。このほか、リンゴを少量すり込む店は多い。

たれに入れる野菜は長ネギ、タマネギ、ニンニク、ショウガなどで、みじん切りにしたり、すり込んだりするが、どれを使うかはいろいろ試してみてほしい。

●和風もお忘れなく

このほか、あっさりと大根おろしとしょうゆ、またはポン酢でも和風焼き肉といった趣でさっぱりと味わえる。

七味トウガラシをピリッときかせると風味満点だ。

市販のたれの味が濃すぎるときは、使うたびに水で薄め、しょうゆや大根おろしなどを加えて味をととのえると案外イケる。

〔自家製たれに加える香辛野菜&くだもの〕

〔さっぱりの和風だれも好評〕

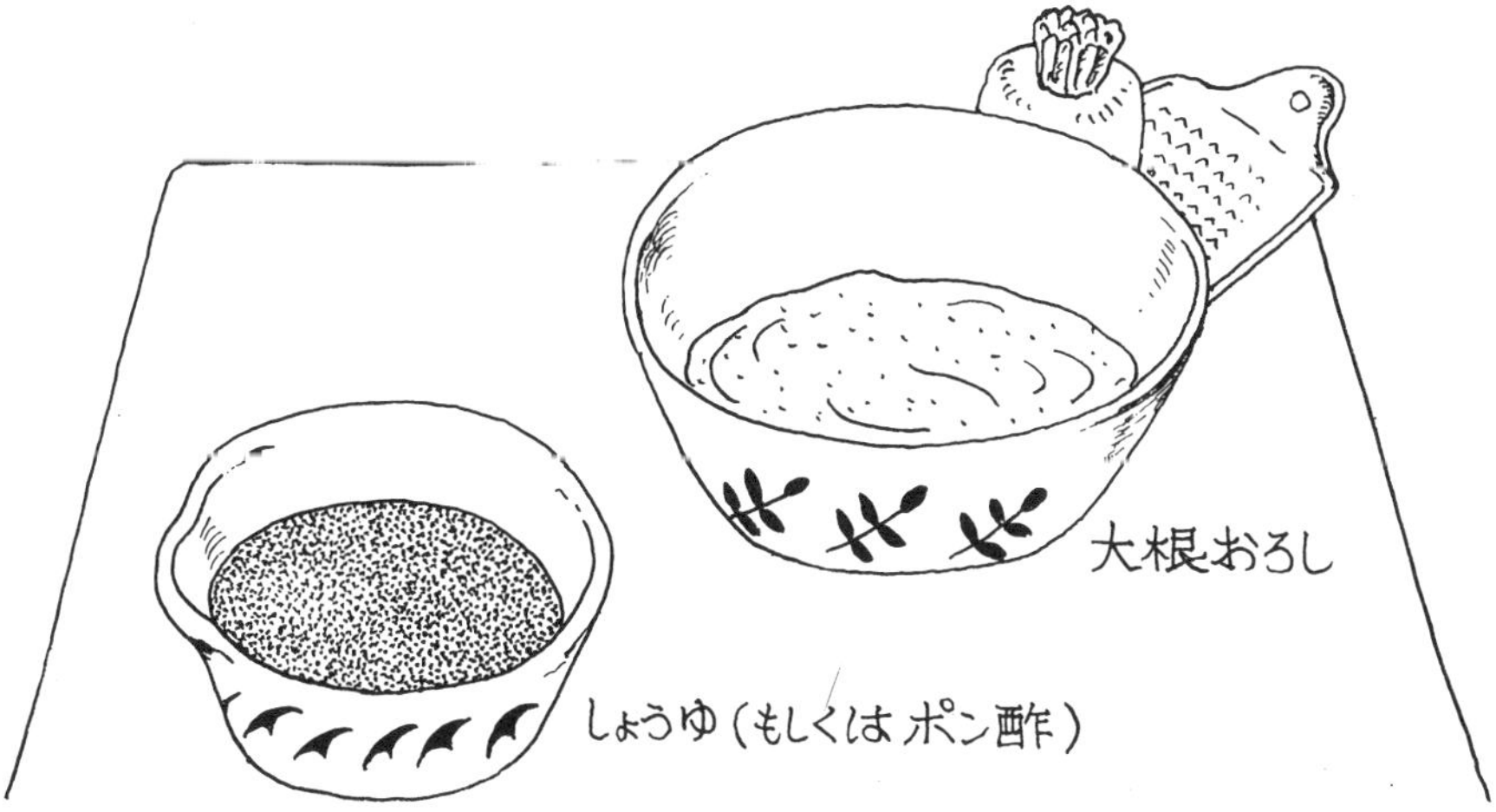

焼き肉の絶好調 タンと格闘する

●つけ根は焼き肉、舌先はシチューに

タン（牛舌）。あのペラ〜ッと薄いのが牛の舌だと信じている人はまさかいないだろうが、一本の重量が一kgあまりあるなんて想像がつくだろうか。

タンといえば西洋料理のタンシチューが有名。もともと舌は肉質がかたいが、脂肪分が豊富なので、長時間かけて煮込むほどとろけるような味わいになるのである。

最近は皮や余分なスジ、脂肪などを除いて、小分けして販売されている。皮むきは面倒なので、丸ごと購入するときは皮がむいてあるかどうか確認しよう。

つけ根部分の舌はやわらかくて脂肪に富み、舌先にかけてかたくスジっぽくなっている。部位で使い分けるならば、つけ根が焼き肉で、舌先側がシチューだろう。

シチューに使うのなら煮込んだものを一cmぐらいに切るが、塩焼きで食べる場合は薄切りにする。

切り口の面を大きくすると焼きやすい。

●タンには粗塩が似合う

タンはどちらかといえば、塩焼きが似合う。粗塩をふって焼き、レモンを搾りかけて食べる。ほかに使うなら黒コショウ。

韓国式ならば、塩とゴマ油で軽くもんで焼き、レモン汁をかけるか、好みでコチジャンなどで食べる。

塩焼き、たれ焼き、いずれの場合も強火でさっとあぶり、焼きすぎないことがポイント。タンのくさみが気になるなら、みそを加えたたれにしばらく漬けておけばいい。

〔タンの下ごしらえ〕

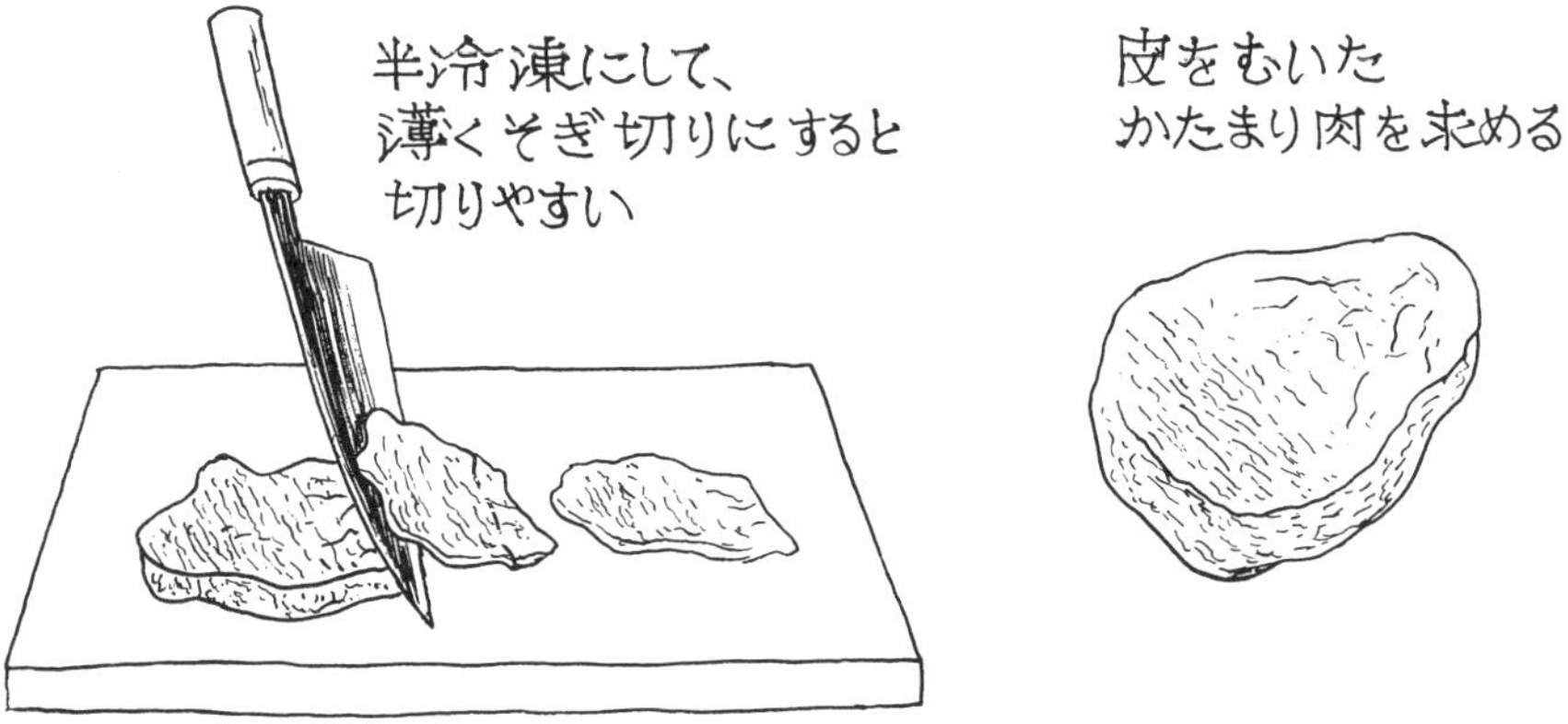
半冷凍にして、
薄くそぎ切りにすると
切りやすい
皮をむいた
かたまり肉を求める

〔タンの塩焼き〕

薄塩をしたタンを炭火で焼く。
さっぱりした味わいと歯ごたえが魅力

焼き肉の絶好調 ホルモンのノスタルジア

●戦後の胃袋を満たしてくれた

内臓類を焼いて食べるホルモン焼きは、終戦後の食糧難のころ、それまで見向きもされなかった内臓を焼いたのが始まりといわれている。在日韓国、朝鮮の人たちによって広められ、やがて日本流朝鮮焼き肉のルーツとして定着していった。

味つけは、みそ、ニンニクじょうゆ、塩とゴマ油などがあるが、塩や米糠《こめぬか》でもみ洗いをし、よく水にさらしてから使うのが鉄則。

●微に入り細に入り完全網羅

専門用語ではリアルすぎてとても食べる気がおこらないが、焼き肉のおかげでソフトな名称になっている。牛で例を示していこう。

ミノ（第一胃袋）、センマイ（第三胃袋）――さっとゆでて、しょうゆ、酒、七味トウガラシ、ニンニク、ショウガ、ゴマ油などのたれに漬け込む。

レバー（肝臓）、ハツ（心臓）――水でさらして血抜きしてから薄切りにする。たれで下味をつければクセはほとんど抜ける。

マメ（腎臓）――子牛のマメ（キドニー）はクセがなくて美味。血抜きしたあと、ゆでたものを薄切りにして焼く。

シロ（大腸・小腸）――ゆでて売られているが、たっぷりの湯でやわらかくゆで直してから、ひと口大に切ってつけ焼きする。

このほか、ハラミ（横隔膜）、フワ（肺臓）、タチギモ（脾臓）、ヒモ（小腸）、シマチョウ（大腸）、テッポウ（直腸）、コブクロ（子宮）など。ブレーン（脳）からテール（尾）までまったく捨てるところはない。

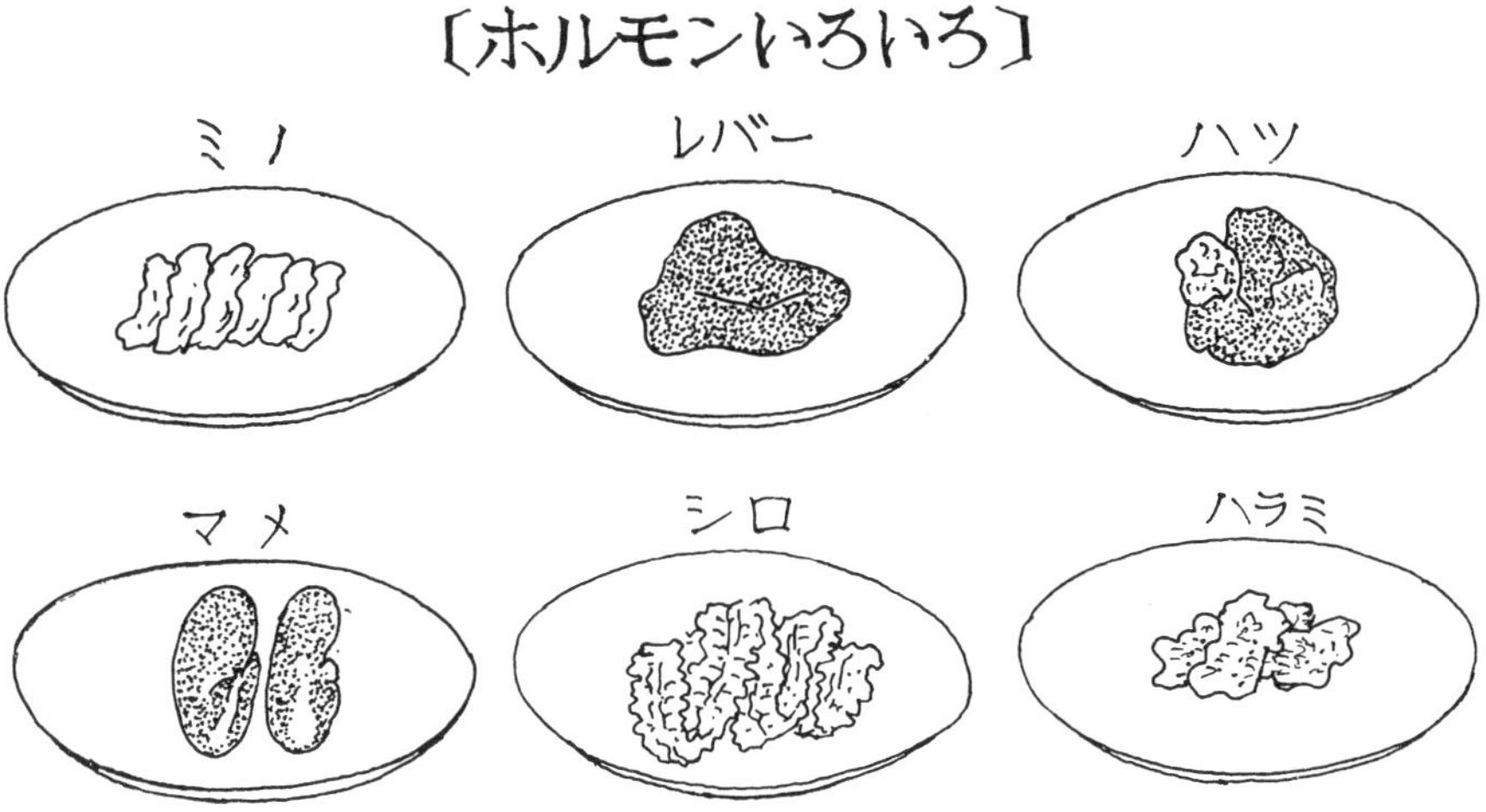
〔ホルモンいろいろ〕
ミノ
レバー
ハツ
マメ
シロ
ハラミ

〔ホルモン焼きの迫力〕
ホルモンは七輪に丸網をのせて
ジュージュー焼くのが似合う

焼き肉の絶好調 季節の野菜もたっぷり焼く

●焼いてよし、包んでよし

焼き肉には季節の野菜がつきもの。これは野菜を食べて栄養バランスをとろう、という食べ方の知恵なのだろう。肉といっしょに焼いてもいいし、レタスなどの生野菜で包んで食べてもいい。

韓国では焼き肉で野菜を焼く習慣はなく、肉を生野菜で包んで食べる。生の野菜やキムチ、ナムルなどをたっぷりとりながら食べるのが特徴で、韓国の焼き肉は野菜たっぷりのヘルシーフードなのだ。

●下ごしらえは個別に

というわけで、野菜は冷蔵庫にあるものをなんでもいいから焼こう。

ニンジン、ジャガイモは五～七㎜ぐらいに切ってゆでる。

シイタケは石づきをとって濡れぶきんで裏側のゴミを軽く取る。

シメジもおいしい。

長ネギは約四㎝の筒切りか薄く斜め切り。

カボチャはタネを取って薄切りにする。

ピーマンはタネをとって四～六つ切り。

タマネギは七㎜くらいの輪切り。

タマネギの代わりにプチタマネギでもいい。皮をむいて、根元を切っておき、つま楊枝か、焼き鳥用竹串を刺しておく。

アスパラガスは根元の皮を四～五㎝削っておくと、スジが残らずに食べられる。

ナスは切り口にサラダ油を塗っておく。

野菜類はサラダ油を塗って焼くのがコツ。しょうゆや塩味であっさりと食べたいところだ。好みで、たれをつけてもいい。

〔野菜の下ごしらえ〕

〔牛肉と野菜の串刺し４種〕

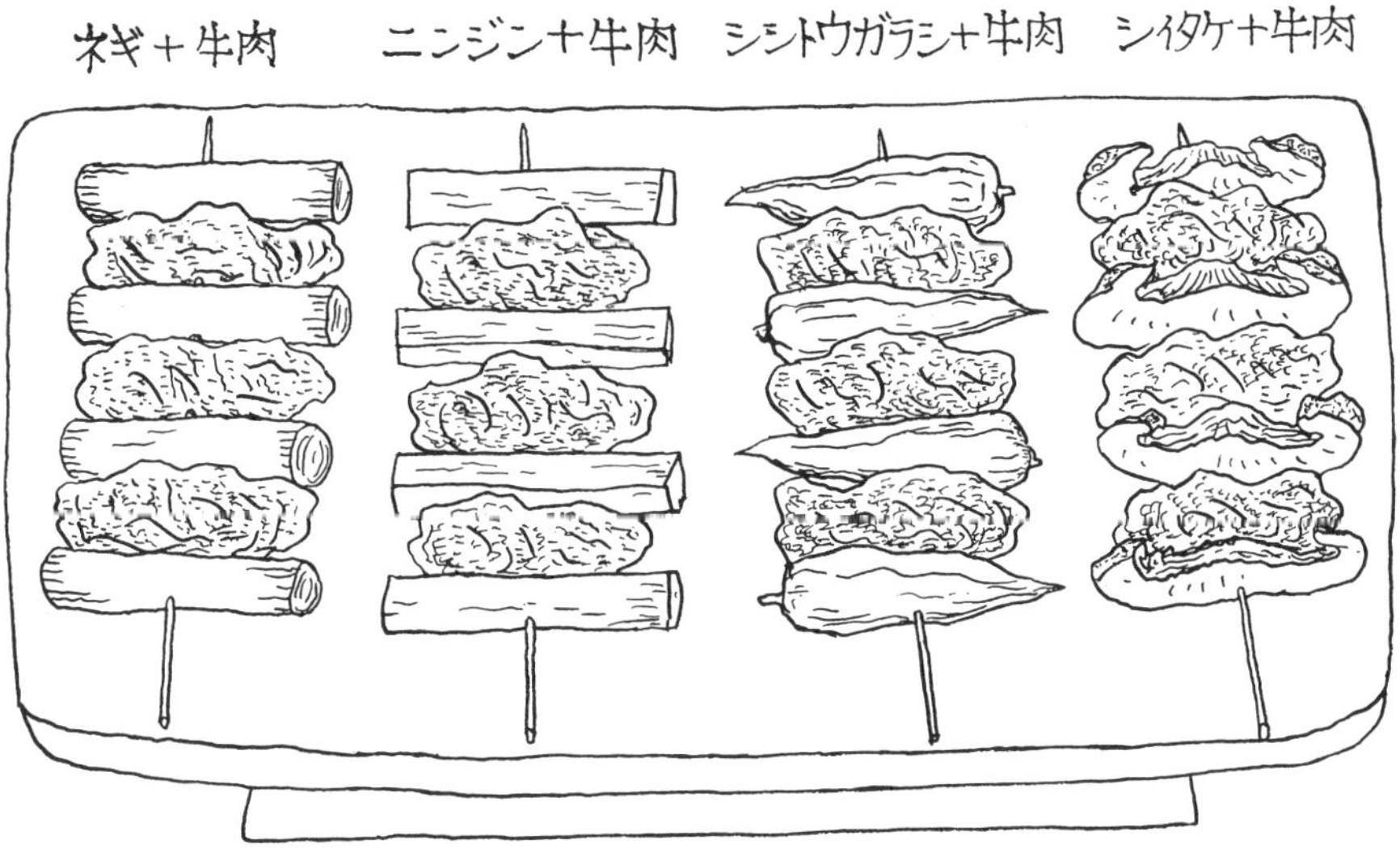

シシケバブの豪放 本場ケバブの由緒正しさ

●羊肉がもっとも一般的

日本では一般に「シシカバブ」と呼ばれているが、正式には「シシケバブ」。トルコ語で、シシは串、ケバブは焼き物、あるいは焼き肉のこと。つまり、シシケバブとは串焼きのことである。

羊がもっとも多く使われ、つづいて牛。角切りの肉に野菜をはさんで焼いたのが代表的なシシケバブだが、ひき肉を用いたものもあり、日本ではこちらのほうがシシカバブのイメージとして定着しているようだ。

●さまざまなケバブがある

ドネルケバブは、赤ワインベースのたれに漬けた薄切り羊肉と脂肪を台の鉄串に刺して圧縮し、回転させながら焼く。いわば回し焼きケバブ。牛ひき肉にみじん切りのタマネギ、カイエンペッパー、塩、コショウを加えて、ツクネ状に串ににぎりつけて焼く、辛口のアダナケバブもポピュラーだ。

そのほかにも、レバーだけのものや、ナスを筒切りにして串に刺して焼いたパトルジャンケバブなどもある。ケバブは焼き物料理の総称。その中の串焼きがシシケバブなのだ。

●正調は角切り羊肉の串焼き

正調シシケバブは角切り羊肉の串焼き料理。材料は、羊もも肉、トマト、タマネギ。

約四cm角に切った羊もも肉を、トマトペースト、ヨーグルト、サラダ油、レモン汁、レッドペッパー、タイム、塩、それにタマネギのみじん切りを加えたたれにひと晩漬ける。クシ形に切ったトマト、タマネギと交互に串に刺し、炭火で焼く。

パトルジャンケバブ
ナスの筒切り
正調シシケバブ
トマト
タマネギ
羊
アツアツのシシケバブに食らいつく幸せ

シシケバブの豪放 和風は堂々の豚ひき肉で

●お国柄と料理事情

シシケバブ風料理は世界各国にみられる。モロッコの「ケフタ」は、羊のひき肉をツクネ状にし、牛の骨髄を適当な大きさに切って、パセリ、コリアンダーなどの香辛野菜、クミン（香料）、タマネギ、カイエンペッパー、塩コショウなどで味つけしておき、オリーブ油を塗って焼いたもの。

イタリアの「スパディーニ」は牛のブロック肉やソーセージを串に刺して焼くだけだが、肉と肉の間にローリエの葉がはさんであり、香りがついてとても美味な料理である。

ペルーの「アンティチョス」はシシケバブというより日本の焼き鳥に似ている。

シシケバブの中心は羊と牛で、羊は約一万年前から家畜化されていたという。豚肉は宗教上の理由で用いられない。

一八世紀ころから食用としても一般化したが、日本では羊を放牧する伝統がないので、食べる歴史も比較的浅い。

●ぎゅっと割り箸ににぎりつける

そこで、和風シシケバブは堂々と豚肉を採用しよう。豚ひき肉にタマネギのみじん切り、塩、黒コショウ、ガラム・マサラ、パン粉を加えて粘りが出るまでよくこねる。パン粉は入れすぎないように。ミンチ状のものをぎゅっと押さえながら割り箸ににぎりつける。

しっかりと味つけしておいて、香辛料の味でうまさを味わうのがコツである。

炭火コンロを強火の遠火にセットし、じっくり時間をかけると、火がまんべんなく伝わって、香ばしく焼ける。

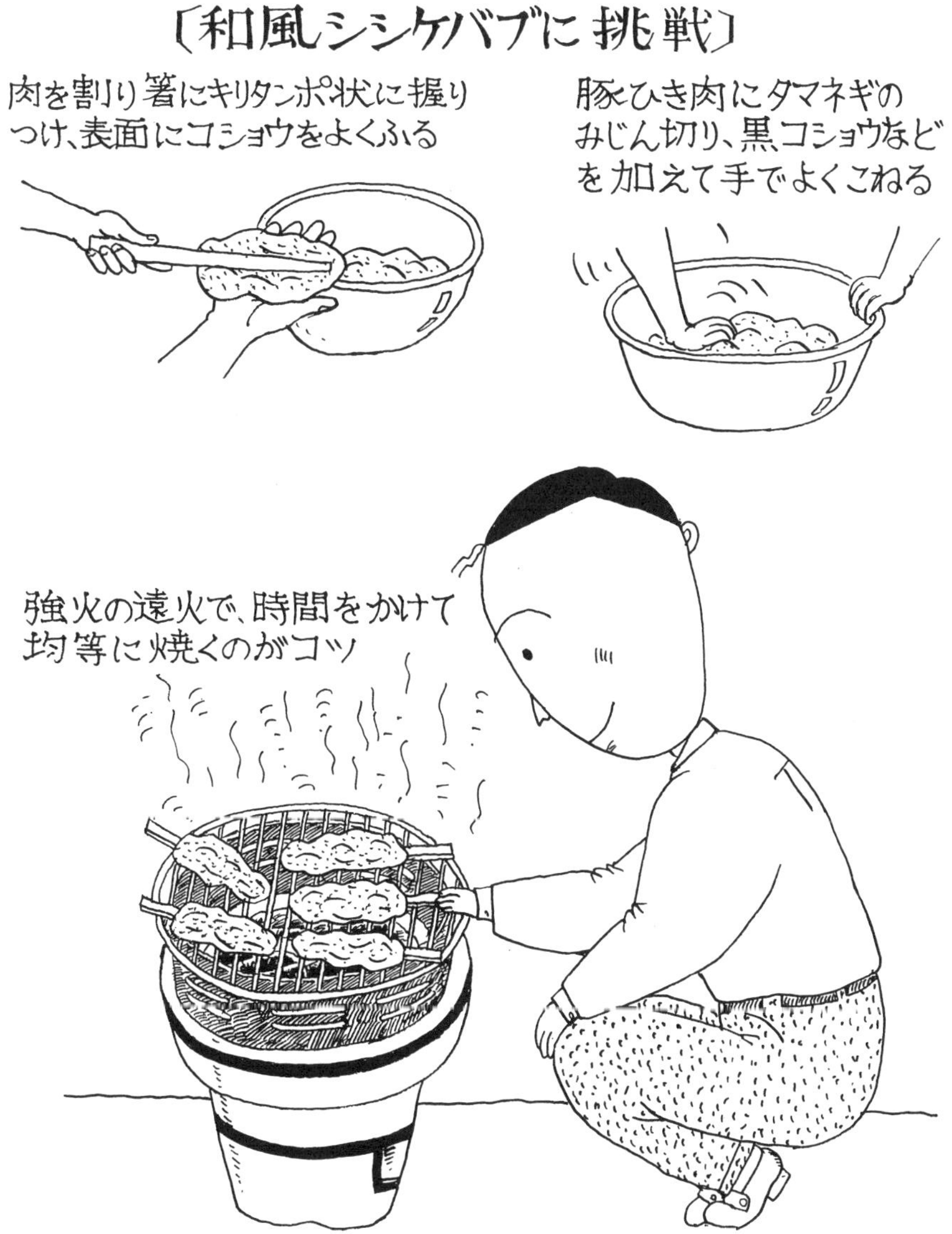
〔和風シシケバブに挑戦〕
肉を割り箸にキリタンポ状に握りつけ、表面にコショウをよくふる
豚ひき肉にタマネギのみじん切り、黒コショウなどを加えて手でよくこねる
強火の遠火で、時間をかけて均等に焼くのがコツ

●シュラスコの喧騒
肉塊を削り取って食べる

●ブラジルを代表する料理

シュラスコはブラジルを代表する料理の一つ。一mはあろうかというサーベル状の金串に、牛、豚、トリなどの肉塊を刺して炭火で焼いたものだ。

牛肉がメインで、肉の各部位によって焼き加減が異なり、焼けごろをギャルソンがテーブルにサーベルごと運んできて、目の前で皿にそいでくれる。食べ終えると、すかさず次のサーベルが運ばれてくるという仕掛け。

大人数で賑やかに楽しみたい料理なので、ホームパーティーなどにはうってつけ。大いに場が盛り上がるだろう。

もともとシュラスコは、戦争のときに肉をサーベルに刺して、焚き火で焼いたのが始まりといわれる。金串は熱伝導がいいから、ミディアム、レアなどの焼き方でも中心部がほんのりと温かい。

●一kgを豪快に切り分ける

肉は肩ロース、リブロース、サーロインなどの塊を約一kg用意し、三つぐらいに切り分けて、サーベルの代わりに二本の金串に刺し、塩をすり込んで焼くのがもっとも簡単だ。

漬け焼きの場合は、タマネギ、セロリ、ニンニク、タカノツメのみじん切りに、レモン汁、オリーブオイル、塩、コショウ、ローリエを合わせた漬け汁を作り、一時間ほど漬けてから焼く。

炭火のコンロにのせて、遠火の強火でじっくりと。好みの焼き加減になったら、ナイフで削りながら食べる。ワイワイガヤガヤ楽しいパーティーになることうけあい。

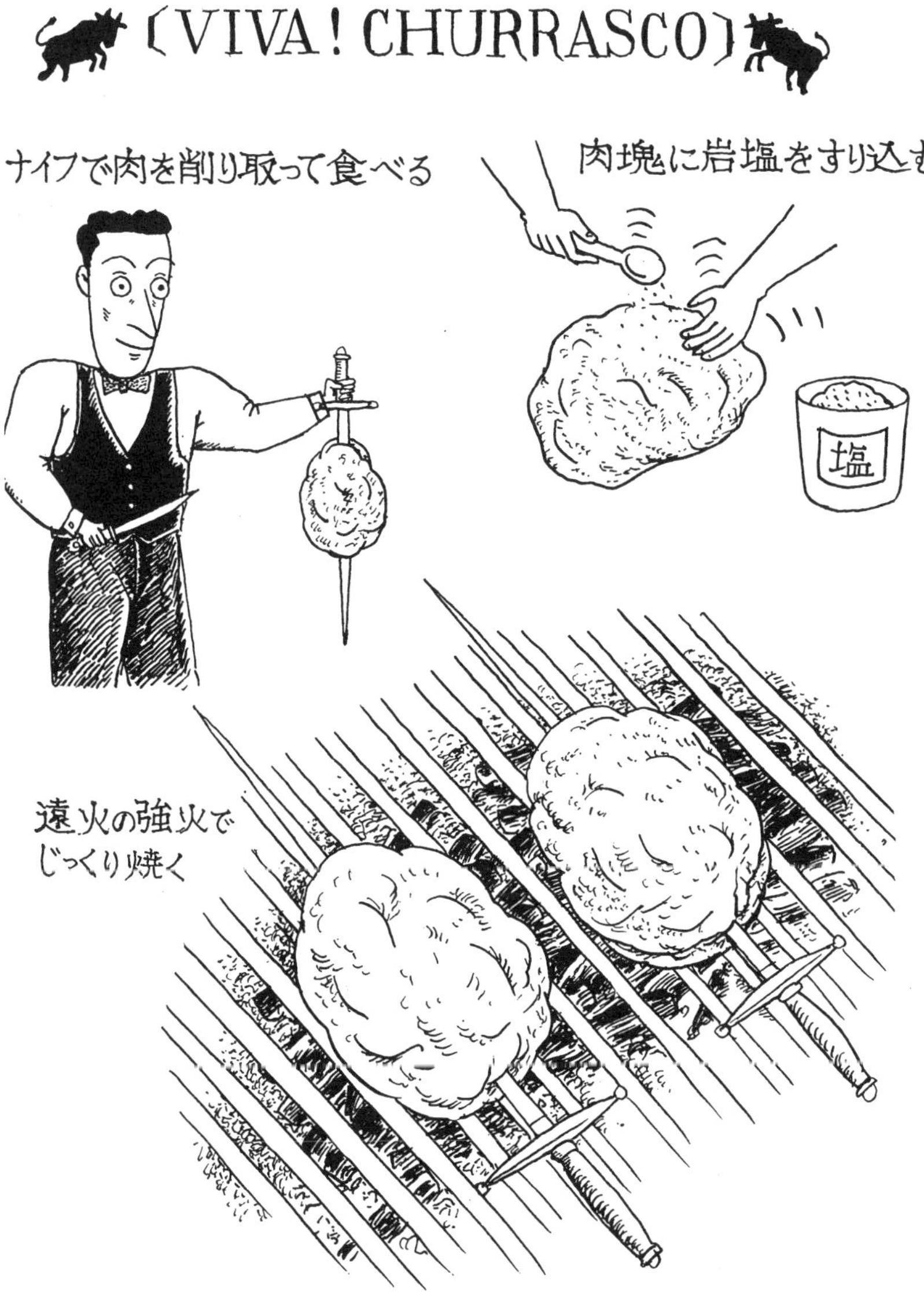
〔VIVA！CHURRASCO〕
ナイフで肉を削り取って食べる
肉塊に岩塩をすり込む
塩
遠火の強火で
じっくり焼く

満腹 バーベキューの 焼き加減はお好みしだい

●本来の姿は丸焼き

バーベキューは、西インド諸島の「バルバコア」が語源といわれ、野外に作ったかまどのことで、猟をした獣や魚をそれぞれ丸ごと焼いたらしい。

だから、バーベキューも丸焼きが本来の姿だが、豚一匹とはいかないだろうから、牛、豚、トリなどの肉や、ソーセージ、魚介などを串に刺して焼くのが手っ取り早い。スペアリブやラムチャップなどの骨つきも豪快だ。

スペアリブは、セロリ、パセリ、ローリエなどの香草や、ニンニクのみじん切り、輪切りレモン、サラダ油を合わせた漬け汁を作り、マリネしておくと肉のやわらかさが違う。

ソースはトマトケチャップをベースに、しょうゆ、ウスターソース、マスタード、レモン汁などを合わせたり、焼き鳥のたれ風にしょうゆ味などお好みでどうぞ。

炭をおこして、火がおきになって落ち着いたら、焼き始める。

●自在に刺し、美味を巻く

野菜も自在に、好きなものを焼く。トウモロコシ、タマネギ、ニンジン、ピーマン、サツマイモ、ナス、キノコ、ニンニク（皮つきのまま豪快に）、アスパラガス……、なんでも色とりどりに串に刺して楽しむ。

薄切りの牛肉を、万能ネギやアサツキを芯に巻いて、塩コショウして焼く。

同様に、豚肉はタテにスライスした長ネギをくるんで塩コショウ。

ベーコンにアスパラガスを入れて巻く。なんでも巻いて焼くと楽しい。

〔バーベキュー便利グッズ〕
うちわと吹き竹
ミトン(串をひっくり返すときなどに用いる)
トング(炭を動かしたり、肉をひっくり返したりするときに使う)
炭火用バーベキューグリル

●バーベキューの満腹 ドラム缶で一〇〇名の饗宴

●増田屋特製、アイデア賞ものコンロ

東京・大田区の炭製造販売元㈱増田屋では、暑気払いにバーベキューパーティーを催している。ここで使われるのが、ドラム缶を使ったアイデア賞ものの大コンロ。

ドラム缶をタテに切ると舟形が二つになる。図のような脚をつけて、ドラム缶の片側に鉄板、片側に網をのせれば即席バーベキュー台のでき上がり。網で肉を、鉄板で野菜や焼きそばを炒める。

市販の本格的なバーベキューセットを買うと数万円するが、こちらはドラム缶さえ入手できればグンと安上がり。脚の材木も廃物利用でOK。

増田屋ではこのドラム缶コンロを貸し出しもしている。大勢の野外パーティーではぜひ利用したい。ドラム缶一本あれば一〇〇名くらいのパーティーは可能になる。

●真夏の夜の夢

このパーティーでは社員、関係者約一〇〇名が集まることを予想して、肉を六〇kg用意している。カルビ、ロース、ミノなどを一〇kg単位で買い、野菜はレタス、ナス、タマネギ、ピーマンなど。たれは市販のもの。

炭火がおこしてあるドラム缶コンロで、来た人から思い思いに具を焼いて、満腹とともに去っていく。主催者側で樽の生ビールとポリバケツに氷を用意し、ほかの飲み物は参加者持参。紙コップ、紙皿だから後片づけは簡単。真夏の夜の行事は一〇年間つづいている。

炭も多少煙は出ても、ふつうの黒炭で十分である。

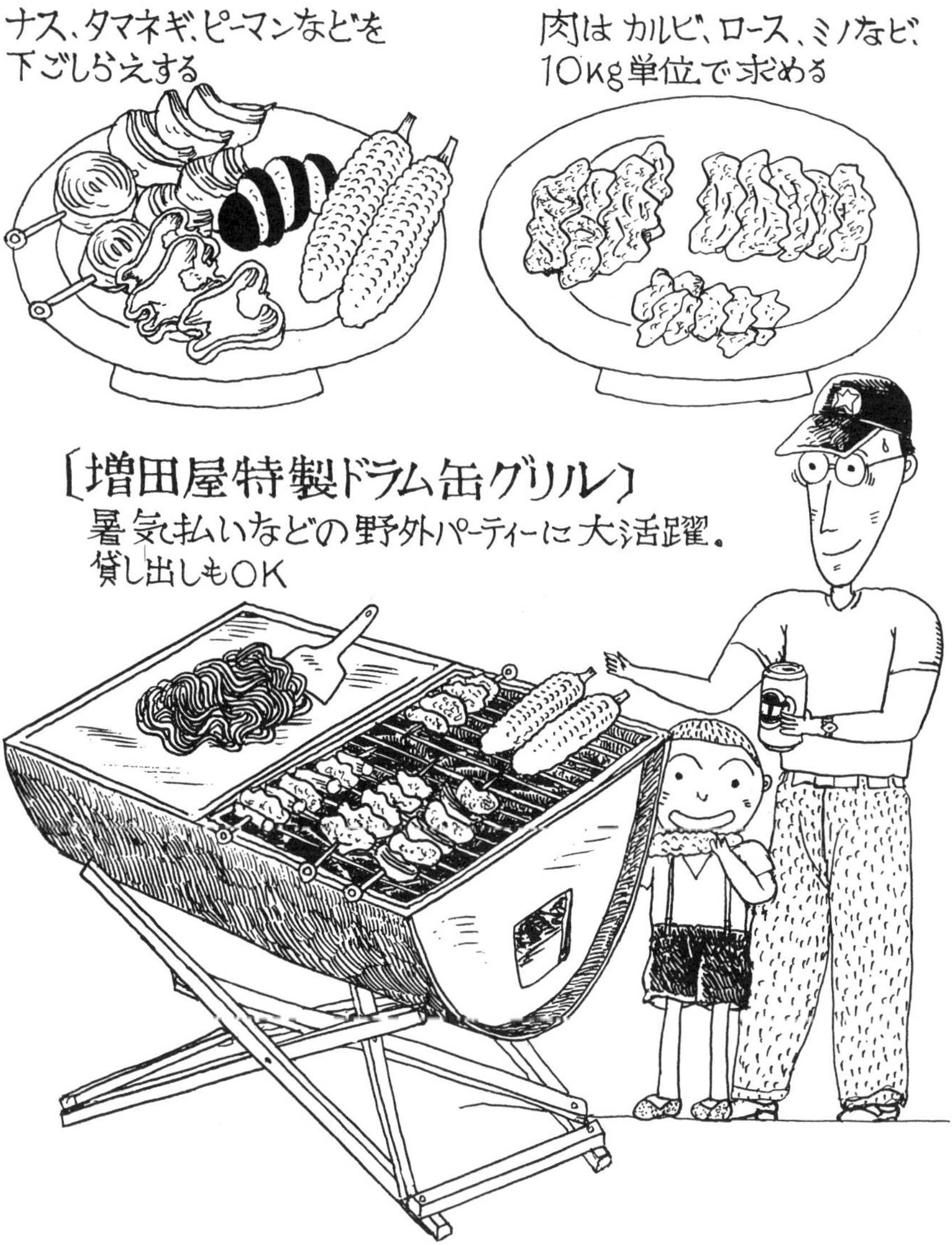
ナス、タマネギ、ピーマンなどを
下ごしらえする
肉はカルビ、ロース、ミノなど、
10kg単位で求める
〔増田屋特製ドラム缶グリル〕
暑気払いなどの野外パーティーに大活躍。
貸し出しもOK

◆コラム①
炭火クッキングのTPO

最近はなんでも簡便にという風潮になってきた。炭火料理はそうした流れに逆行するものである。だが、その逆流は波静か、実に風情があっていいものだ。

人間らしく生きたい。そういうときには迷わず炭火クッキングで、悟りを開こう。

なぜなら、炭は素材のよさ、本質を引き出してくれるからである（生活の本質も！）。

手間暇かけて最上のものを食べたい、生活のゆとり、雰囲気を楽しみたいというときに最大の効果を発揮する。心の贅沢を望む人しか入れない炭の道。だが、この道を進むのは楽しい。そして、炭のTPOをわきまえていれば、楽しさはさらに倍加する。

横浜国立大学教育学部の渋川祥子教授が教えてくださった炭のTPOはこうである。

T（タイム）。これはどれくらいの長さ調理するかで決まってくる。炭火で朝ご飯というのは多忙な現代ではとてもじゃないが通用しない。焼きながら食べる、和食を調理する、長く煮るときなどに炭料理は最適。バーベキューならば数時間はゆうに火もちする。

P（場所）。最近は室内で調理ができる器具も販売されているが、炭火の道具がおけるということはもちろんだが、換気のきく場所を選びたい。楽しい炭火クッキングのはずが炭酸ガス中毒となってはたいへん。料理をするさいは十分換気に注意し、できれば庭先、ベランダ、野外などで行いたい。

O（場合）は、やはり仲間うちや家族で集うということが前提だろう。楽しく、雰囲気を味わうことが一番である。団欒《だんらん》という言葉も取り戻してくれる。

けっして、経済性、簡便性、早さを望んではならない。それが炭の道、人の道である。

II

魚介の変幻

五感の充足を覚える

たたきイワナの包み焼き

●サンマ炭火焼きの郷愁
七輪でうまさを再確認

●サンマを心おきなく焼きたい

七輪の上にサンマをのせてウチワであおぐ――ひと昔前ならば巷でありふれていた夕餉《ゆうげ》の光景も、いまはとびきりの贅沢《ぜいたく》になってしまった。

一軒家ならまだしも、マンションでは隣近所に気兼ねして、住宅事情がサンマを焼く環境からどんどん遠ざかりつつあるのだ。

だが、サンマを心おきなく焼きたい、という願いは多くの人に潜んでいる。

平成六年九月の祝日、横浜市のこどもの国で「炭火でサンマを食べる会」が開かれたが、なんと六八二一名もの参加申し込みがあったそうだ。

これは「サンマの煙は迷惑?」という一通の新聞投書がきっかけになって、㈳全国さんま漁業協会、東京燃料林産㈱からサンマ、木炭の提供を受けて開催されたものである。平成六年はその第二回目だったが、いかに多くの人が炭火で焼くサンマに郷愁を抱いているかが証明されたかたちである。

●あなたにも緒形さんの幸せが味わえる

サンマといえばCMの緒形拳さんの幸せそうなサンマを焼く表情が浮かぶ。「目黒のサンマ」でなくとも、脂の乗った旬《しゅん》の秋口にはこれほどうまいものはない。一尾、安いときは五〇円で食べられる幸せがほかにあるだろうか。ましてや、七輪の炭火で焼こうものなら……考えただけでも喜びがわき上がる。

サンマを炭火焼きで食べたい!と意を決したら、すばらしいにおいを隣近所にふりまくつもりで大胆にチャレンジしてみよう。

秋のサンマは体長40cmほど。青光りするのがイキがいい

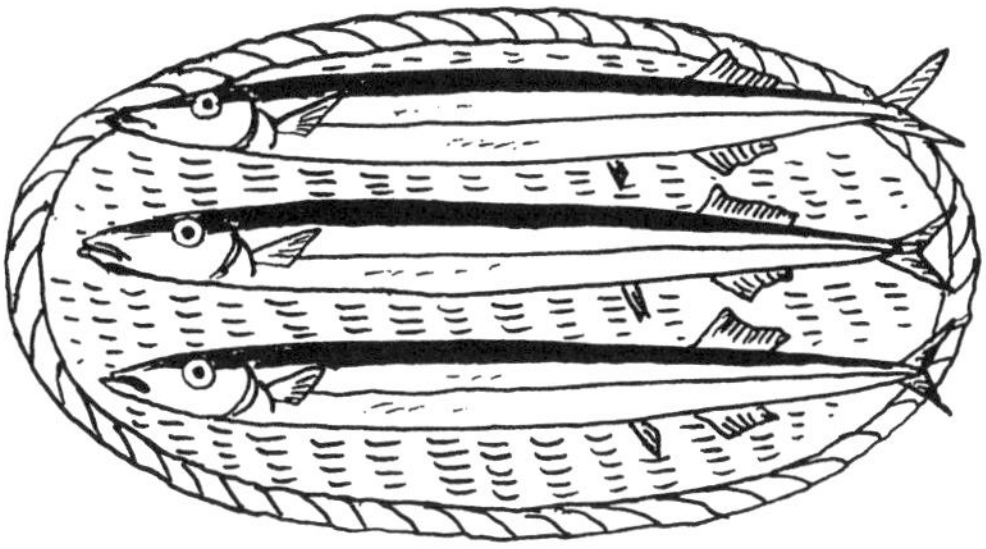

そのまま炭火で焼くと、脂が
したたり落ちて食べやすくなる

サンマ炭火焼きの郷愁 焼き方は強火の遠火

●二分か一尾丸ごとか?

さていよいよ本番開始。

サンマはコンロの金網の上に一尾デ〜ンと構えてもらうのが望ましい。だが、旬のサンマは、七輪の場合、おうおうにしてデカすぎて網から頭と尾がはみ出してしまう。その場合は残念だが、胴体で二分してから焼こう。

エッ、それではサンマの楽しさがない?

そこである人が一尾丸ごと焼く新手を考え出した。サンマの背をクルリと丸めて尾を目の上側に突き刺すのである。残酷なようだが、これで丸のままのサンマが味わえるのだから、サンマには目をつぶってもらうのだそうだ。

新鮮なものならば、ワタつきで塩をふる。

炭は黒炭でも備長炭《びんちょうたん》でも焼き魚の場合はあまり変わらない。いったん火がおこると強い火力を保つので、「強火の遠火」にするには、熱源から一〇㎝くらい離して焼くといい。

●ウチワであおいで煙を横に流す

ところがここでやっかいな問題が生じる。

サンマの脂肪は一四%で、ウナギの一八%には及ばないものの、かなり脂肪が多い。脂肪は温度が高くなると、とけて液体になって火の上に落ちる。これが火の上に落ちると燃え上がって魚が煙でいぶされてしまう。

そこで、ウチワを横からあおいで煙を流すのである。灰をとばさない程度にあおぐこと。ウチワでパタパタあおぐと、炭もカッカと赤くおこってきて、再び火の勢いを盛り返す。

サンマのような青魚は冷えると食味が低下するから、焼きたてをすぐパクつきたい。

大根おろしとビールをお忘れなく。

脂の乗ったサンマを焦げ目がしっかりつくまで焼き、
ダイコンおろしと いっしょに食べるのが最高

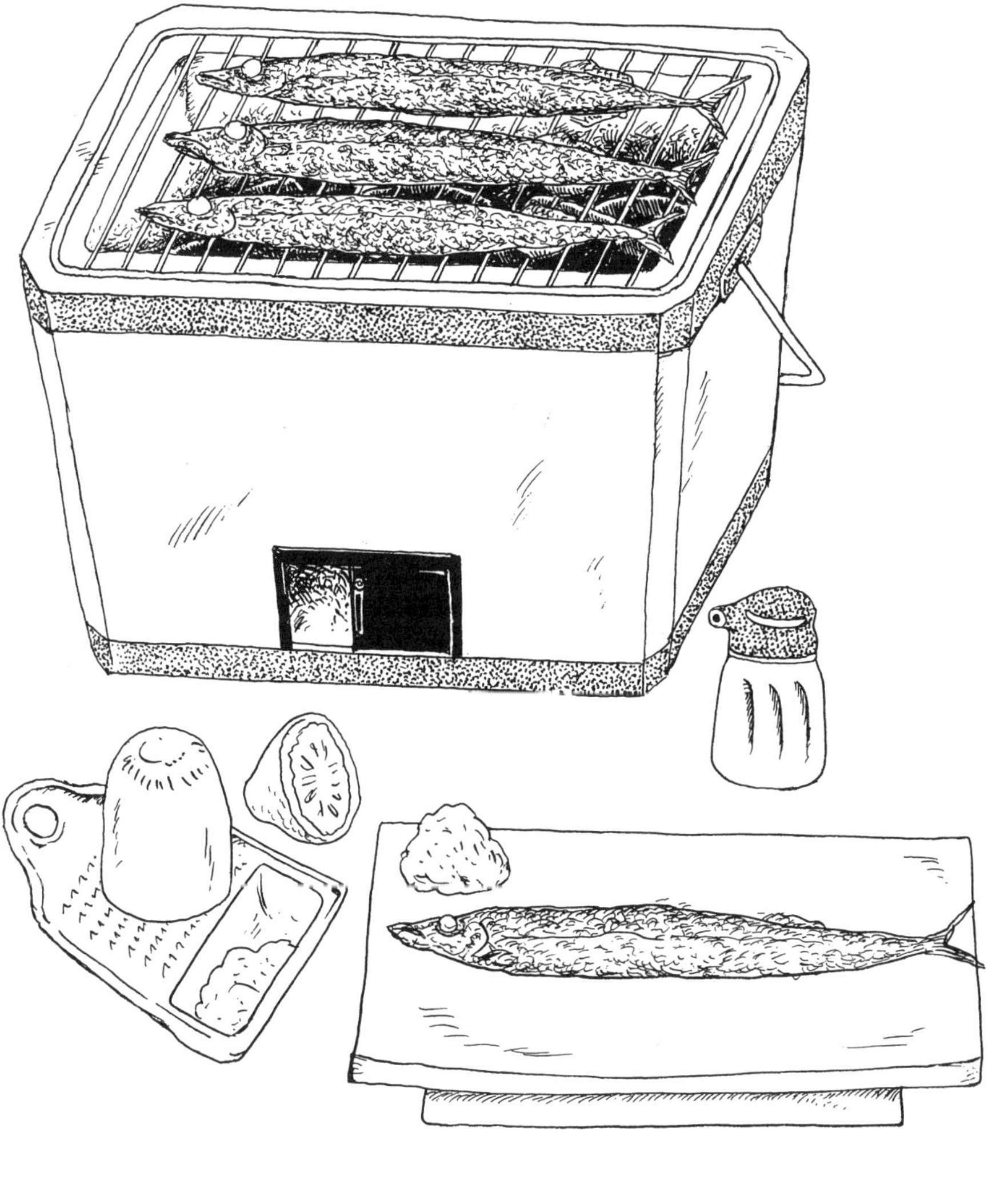

●イワシ殿様焼きの鷹揚ジュワーッとうまい

イワシは開いて蒲焼きにしてもうまい。酒、しょうゆ、みりんを合わせたたれに数時間漬けてから焼く。

●魚は一度の焼き具合で勝負する

「魚は大名に焼かせろ」という言い伝えがある。魚は餅のように何度もひっくり返さずに表裏一度ずつで焼き上げないといけないので、万事鷹揚な殿様に焼かせるといいというたとえである。

焼きたてのアツアツをダイコンおろしかおろしショウガに、しょうゆをかけて食べる。香酸柑橘のスダチ、ユズ、レモンなどを搾りかけると、味もぐんとひきしまる。最近は果汁入りポン酢なども売られているから、生果のない時期などに上手に利用したい。

秋のイワシはサンマに負けないうまさだ。

●新鮮なイワシを串焼きに

イワシは脂肪分が多いので、囲炉裏型コンロを用いて、串に刺して熱源のまわりに立てかけて焼くともっとも美味に焼ける。

鮮度の落ちたものを焼くと、腹の部分の脂肪が落ちてしまって美味がそがれる。魚屋さんが保証する新鮮なものを、あまり時間をおかずに焼こう。

イワシの種類はいろいろあるが、炭火焼きにはマイワシがおすすめ。カタクチイワシは素人ではチトむずかしい。下ごしらえは、片身に「捨て包丁」で斜め、あるいは十字形に切り目を入れて、塩をパラリとふる。

網にのせて焼くなら、でき上がりを皿にのせたとき上になる側、すなわち表側を最初に焼くのが基本である。

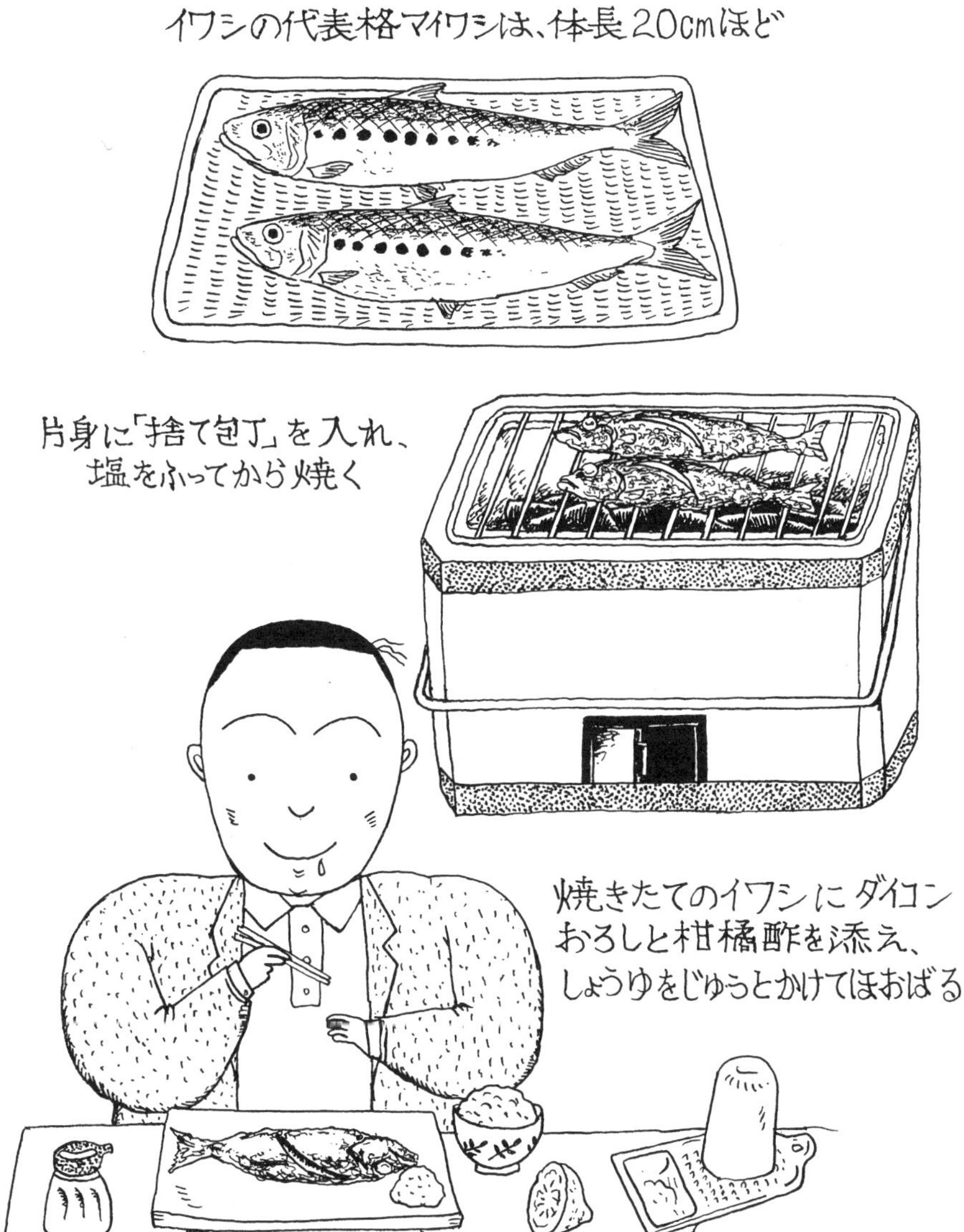
イワシの代表格マイワシは、体長20cmほど
片身に「捨て包丁」を入れ、
塩をふってから焼く
焼きたてのイワシにダイコン
おろしと柑橘酢を添え、
しょうゆをじゅうとかけてほおばる

あの魚も炭で焼きたい

鷹揚イワシ殿様焼きの

●焼き魚と炭火の相性

魚は炭火で焼くとうまい。一般に、焼き物は材料の内外に温度差が生じるが、炭火の場合は遠赤外線効果で均一に火が当たり、うまみ成分を逃がさずに水分が蒸発するため、外がこんがり焼ければ、中はふんわりと焼ける。だから、直火で「焼く」ことにかけては炭ほどすぐれた熱源はない。素材を生かす日本料理でその本領をもっとも発揮するのである。

だから、焼き魚に適する魚はほとんどが炭火クッキング候補生である。アジ、イサキ、カマス、キス、サバ、サワラ、スズキ、タカベ、タイ、カレイなどが美味、美味。

●焼き方のポイント

魚に粗塩をふるときは魚の水気をふき、焼く直前に塩を軽くにぎって手の平にのせ、手首を上下に動かして指の間から塩をふり落とす。サンマやイワシなどの青魚は脂肪が多くて塩をはじくので、塩もたっぷりふる。ヒレや尾にもすり込んで化粧塩をすれば魚も本望。

焼き網は十分に両面を熱しておく。

アジのように身の厚い魚には飾り包丁を。焼き面に箸を入れてくっつかないようならば返していい。目玉が白くなり、尾ヒレ部分をさわって弾力がなくなれば焼き上がり。つけ合わせに筆ショウガやレモンを添えたい。

●旬の焼き魚はクセになる

イカナゴ、キビナゴなど郷土色豊かな魚も飛驒コンロにのせてサッと焼いて酢じょうゆで食べる。このうまさ、味わいを知ってしまったら、もうクセになる。今日から魚屋さんで旬の魚を追いかけよう。

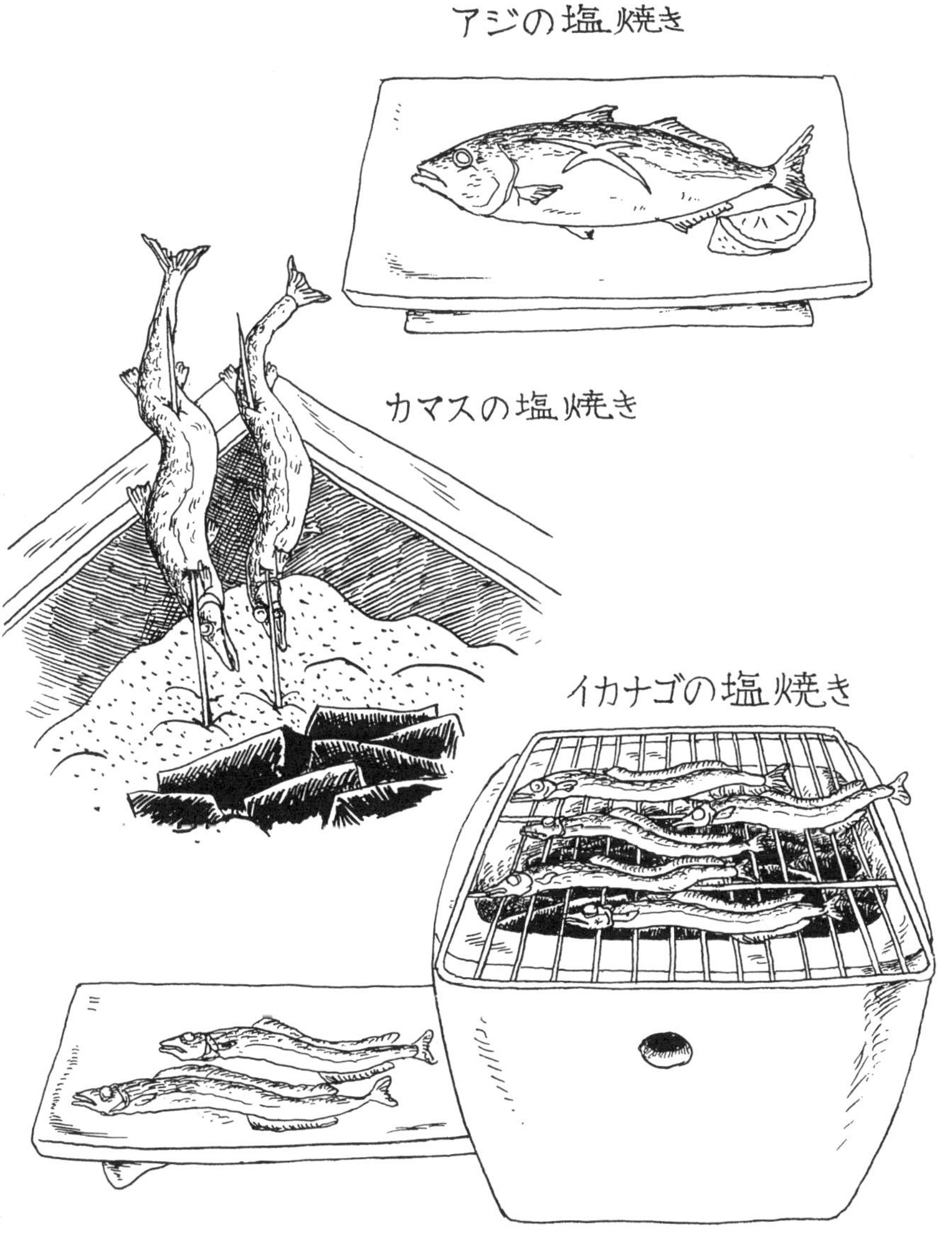
アジの塩焼き
カマスの塩焼き
イカナゴの塩焼き

イカ焼きの目移り
一杯丸焼きのすすめ

●スルメイカの塩焼き

イカは、アオリイカ、コウイカ、スルメイカ、マイカ、ヤリイカなど種類が豊富。調理方法がローカル色豊かなのも特徴である。まず丸焼きに最適なスルメイカでスタンダード編。

スルメイカはワタを抜いて、つけ根部分に身とついている透明なスジを抜いてから、脚をひっぱって取り出す。中を空洞にしたら、切り目を身にそって二cm間隔ぐらいで五cm程度入れていき、丸ごと焼く。

焼きたてを輪切りにし、しょうゆか、ショウガじょうゆで食べる。

●アオリイカの塩焼き、黄身焼き

イカの王様アオリイカは丸ごと焼ける。さっぱりした味がイケる。中央に包丁で切り目を入れてスミ袋を取り出したら、軽く塩をふって七輪で焼く。酒をふりかけておくとまろやかさが増し、独特の甘さがひきたつ。

また、卵の黄身をハケで何度か塗りながら焼けば黄身照り焼きに。高級なイカの場合はこれだけで、おもてなし料理になる。

●ローカル色豊かな鉄砲焼き

北海道では鉄砲焼きが有名。脚とワタを抜き、背に包丁目を入れ、ひき抜いた脚を胴の中にさし込む。竹串で留め、しょうゆ、みりん、ショウガ汁を入れたたれに漬けて焼く。

富山県では抜いた脚を細かく刻んでネギのみじん切りと炒める。みそ、酒でとろりとさせたものを胴に詰めて、口をつま楊枝で留め、みりんでてりをつけながら焼く。詰めものをして焼くのをゴロ焼きと呼ぶ地方もある。

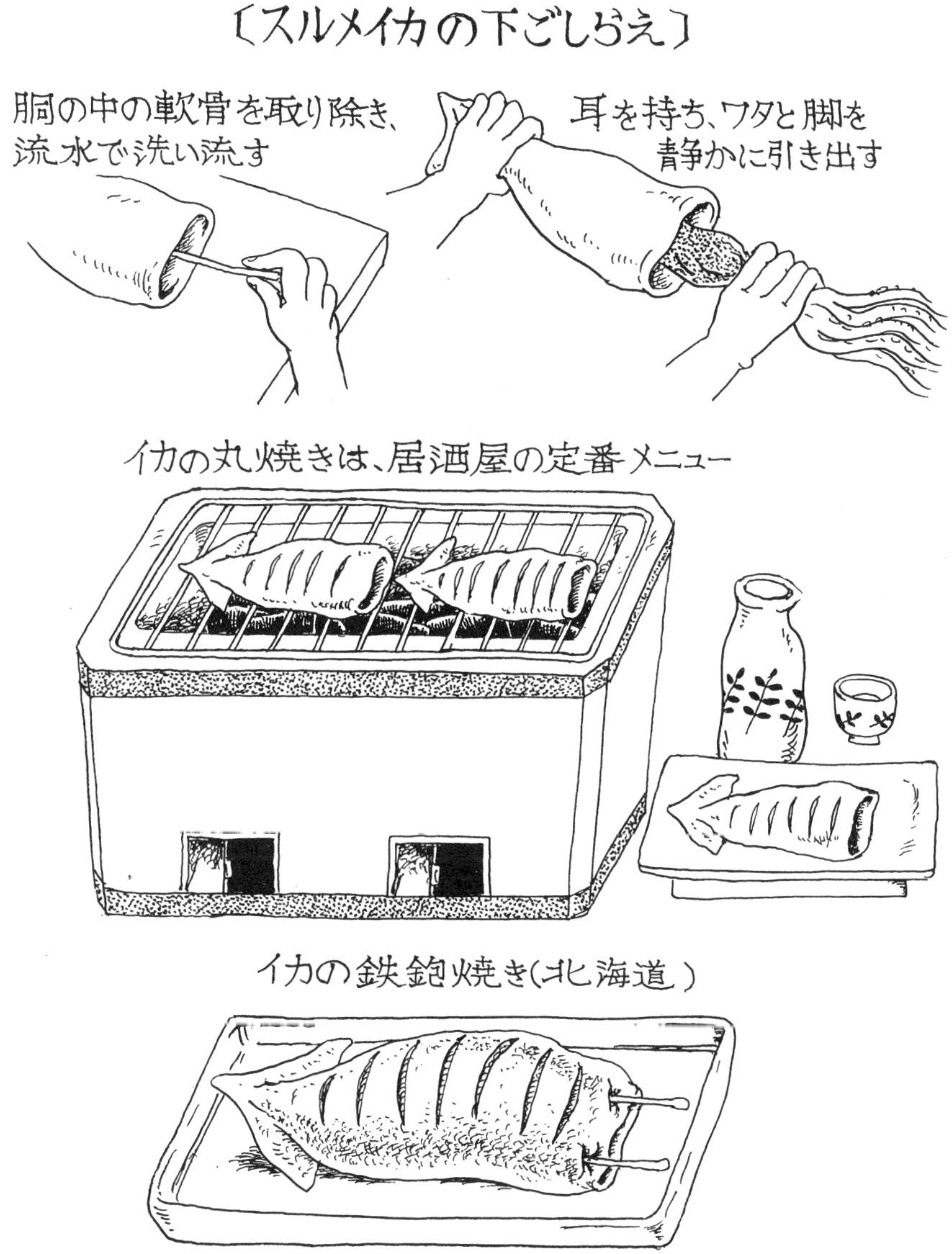
〔スルメイカの下ごしらえ〕
胴の中の軟骨を取り除き、
流水で洗い流す
耳を持ち、ワタと脚を
静かに引き出す
イカの丸焼きは、居酒屋の定番メニュー
イカの鉄砲焼き(北海道)

イカ焼きの目移り 開いて焼くのもオツ

●開いたイカは薄焼きに

お次は丸でなく、開いて焼いてみようか。

東京・神楽坂の小料理屋「由多加」主人の古市健さんが教えてくれたおいしい食べ方と焼き方のコツ。まず脚をひき抜いて、イカの中央タテに切り目を入れるか、かのこ目を浅く入れて縮みやすい繊維をある程度切っておき、身を広げることから始まる。イカを焼くとすぐに丸まってしまうが、周囲に切り目を入れておくと、丸まらずに焼ける。

「基本的には塩焼き。鮮度のいいものなら、取り出したワタをつぶして、しょうゆをつけて、たれのようにして焼いてもいいですね。甘味をつけるのが好きな人は酒、しょうゆ、砂糖、みりんなどのたれを作っておいて、火が通ってうっすらと焦げ目ができる薄焼き程度になったときに、たれを塗るかまぶすかして焼けばいい。あらかじめ漬け込んでおくのもおいしいですよ」

このとき、脚のゲソもともに焼く。

新鮮なものなら、イカのキモをホイルに包んで焼くと、ホイルの中で蒸されてえもいわれぬ絶品の味になるから、ぜひお試しあれ。

●イカなのにタコとはこれいかに

イカに串を刺してしまえば丸まる心配はない。その場合は、イカの表面に切り目を入れたのち、切り目側を下にする。頭から胴にかけて末広になるように金串二本を身を縫うように打ち、竹串を同様に横平行に打つ。このとき表には串の目が出ないようにする。イカなのにその姿はまるでタコ（凧）である。末広に串を打つと、焼くときにも扱いやすい。

〔イカの切り目いろいろ〕

松かさ切り

包丁をねかせ、厚みの半分まで斜めに交差する切り目

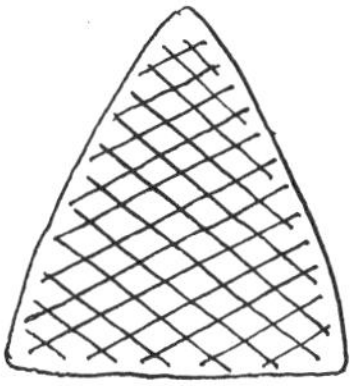

かのこ切り

包丁をまっすぐにして、厚みの半分まで縦横に入れる切り目

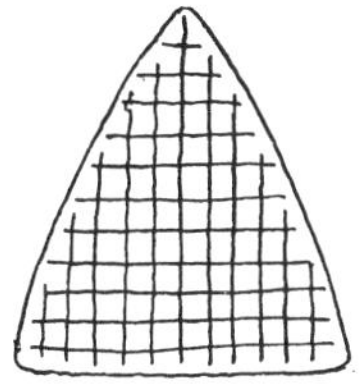

唐草切り

胴を横におき、包丁をねかせて5mm幅に切り目を入れ、縦に置き換えて7mm幅に切る

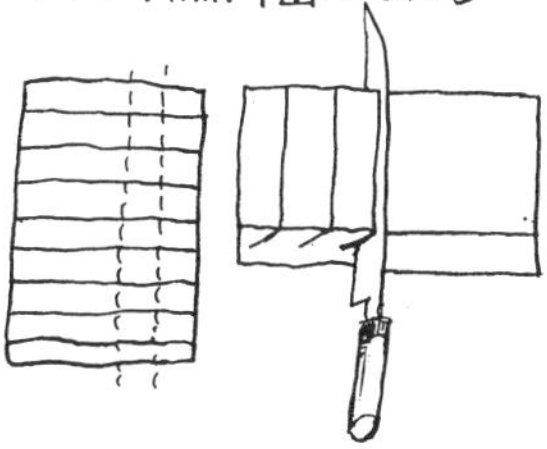

イカの塩焼き

アオリイカか、コウイカを用いる。軽く酒をふりかけ、塩をふってから熱した焼き網にかける。

みりんじょうゆで、つけ焼きにしてもいい

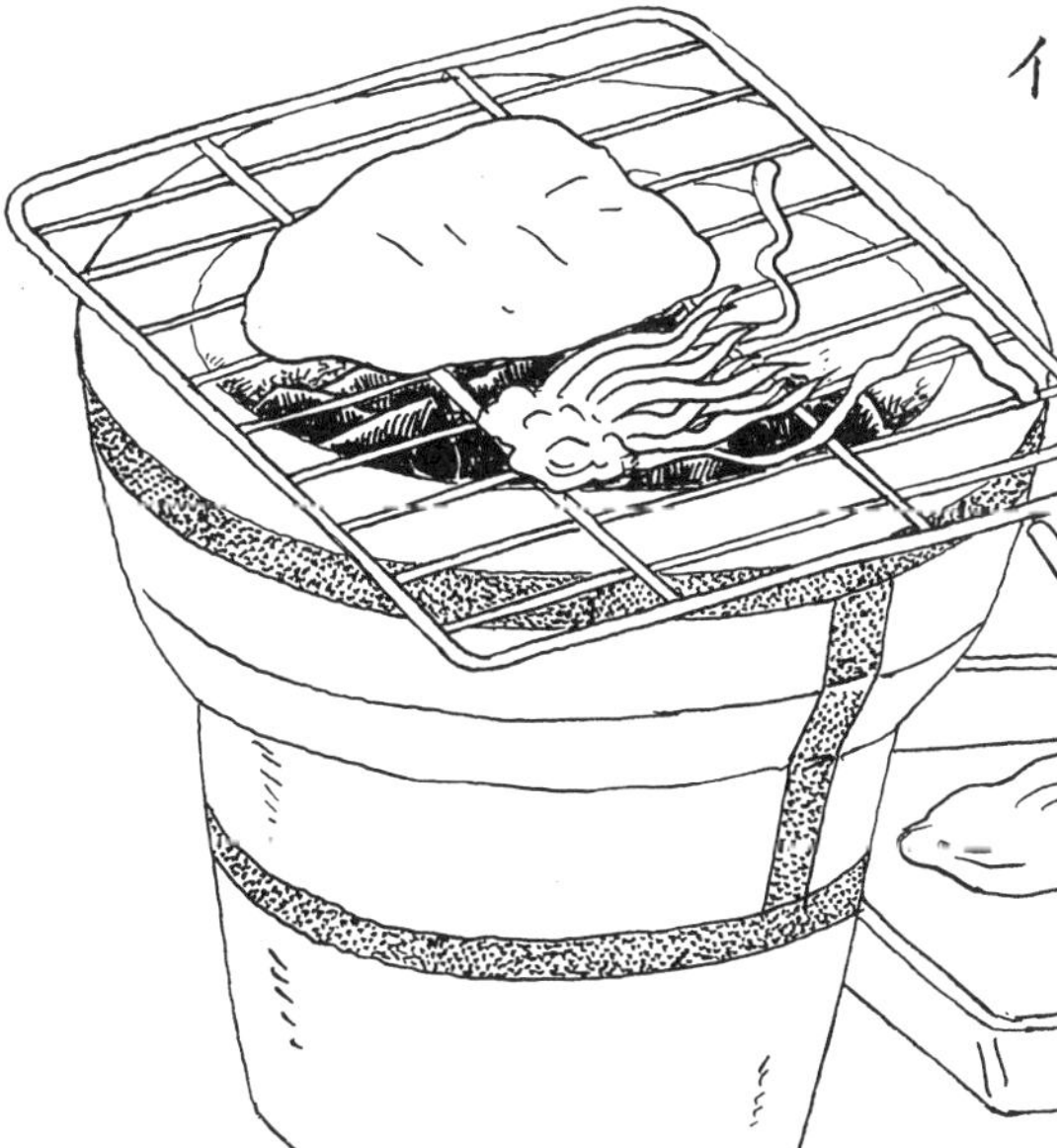

川魚串焼きの技芸
こなたアユかたやイワナ

●アユの白みそ焼き

アユやイワナなどの淡水魚は、釣り好きでなくともたまらない魅力がある。マゴイ、ソウギョ、ニジマス、ハヤ（ウグイ）、ヒメマス、フナ、ヤマベ（オイカワ）、ヤマメ、ワカサギなど。とくに六月解禁になる天然もののアユは夏の味覚の王様だ。

ところで、アユ料理が盛んな木曽川中流の岐阜県・犬山地方では白みそ焼きにするのが一般的。姿のまま塩をふり、躍り串に刺して焼く。ふつうアユはワタをつけたまま調理する。白みそに酒、砂糖を合わせてねりみそを作り、最後にアユにつけてあぶり焼きにするものだが、うまさは抜群。

囲炉裏に串を立てて焼くほうが趣が出るが、この場合はみそを最後に塗るので、ふつうのコンロで網焼きにしてもいい。これってアユ田楽かな。ちなみに、魚の田楽は魚田《ぎょでん》という。

●イワナのみそ焼き、蒲焼き

イワナは三～九月が釣り期。こちらはワタを取って、踊り串を打ち、塩焼きするのがポピュラーだが、みそ焼き対決といこう。

仙台地方では、みそをすり鉢ですって酒、砂糖で伸ばしながら合わせみそを作っておき、塩焼きしたイワナの表面に塗って軽く焦げ目をつける料理がある。

合わせみそはその家独自の秘伝を用いればよろしい。焼き上がったものにみそを塗って、粉ザンショウをかけて食べるのもいい。

また、イワナの場合は三枚おろしにして軽く素焼きにしてから、たれを繰り返し塗りながら焼く蒲焼きもうまい。

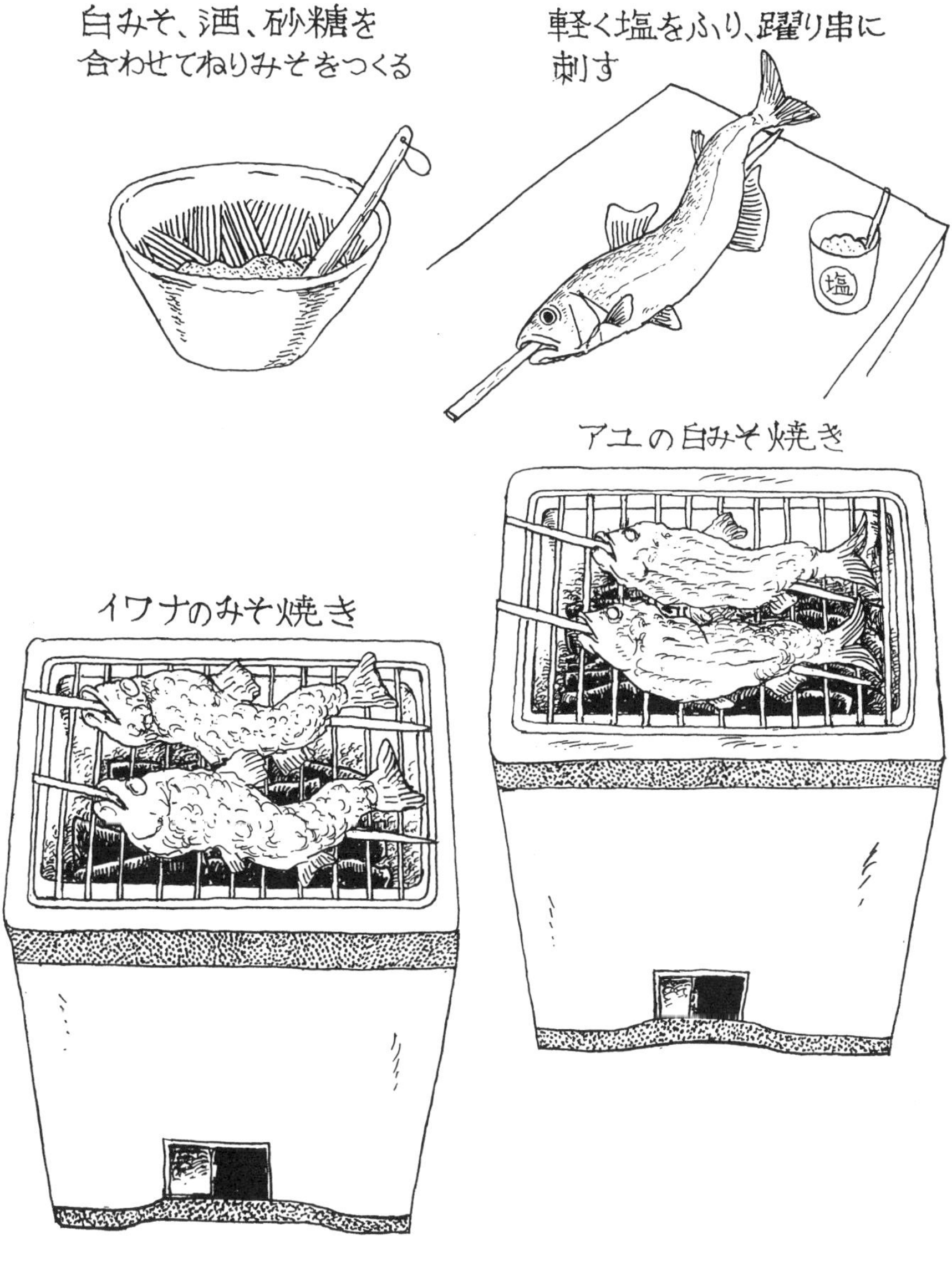
白みそ、酒、砂糖を
合わせてねりみそをつくる
軽く塩をふり、躍り串に
刺す
塩
アユの白みそ焼き
イワナのみそ焼き

川魚串焼きの技芸
アユは厚化粧で焼く

●やっぱりアユは塩焼きが一番

アユを焼く。できれば串を立てて焼ける炭焼きコンロを調達するのが望ましい。これは道理にかなった焼き方で、アユのように表皮が薄い魚は、網の上にのせて焼くと、網に皮がついてはがれたりして見た目の美しさがそがれてしまうからである。

アユはほろ苦いワタもおいしく食べられるから、丸のまま水洗いしてぬめりをさっと落とし、串を刺す。

太い串ならば口から刺し、背中を通しておしりから少しだけ出す。

細い串ならば魚の目の下から刺し、中骨をひとすくいして、いったん表に串を出し、再度身を縫うように裏側の尾のつけ根に出す。

アユは粗塩で化粧塩、さらにふり塩をして飾ってあげよう。見た目がきれいで、尾ヒレが燃えない効果があるという。

横にして焼くときは焼き網に直接当たらないようレンガをおいて串をわたし、尾のほうが高くなるように調整するといい。火の通りが早いから、焼きすぎないように注意する。

●知っておきたい骨抜きの術

アユは回しながら抜く。

アユは小さいわりに骨はガッシリしているから、「通」は骨を抜く。焼けたら、箸で身にそってほぐしながらたたき、骨を尾のほうからすっと引き抜く。これには熟練が必要。

いまはアユ専用の青タデ酢が販売されているから、それらを用いておいしく食べよう。ユズやスダチ果汁などが入ったポン酢で食べても美味である。

アユの旬《しゅん》は初夏から秋。「川魚の女王」
「香魚」などといわれる

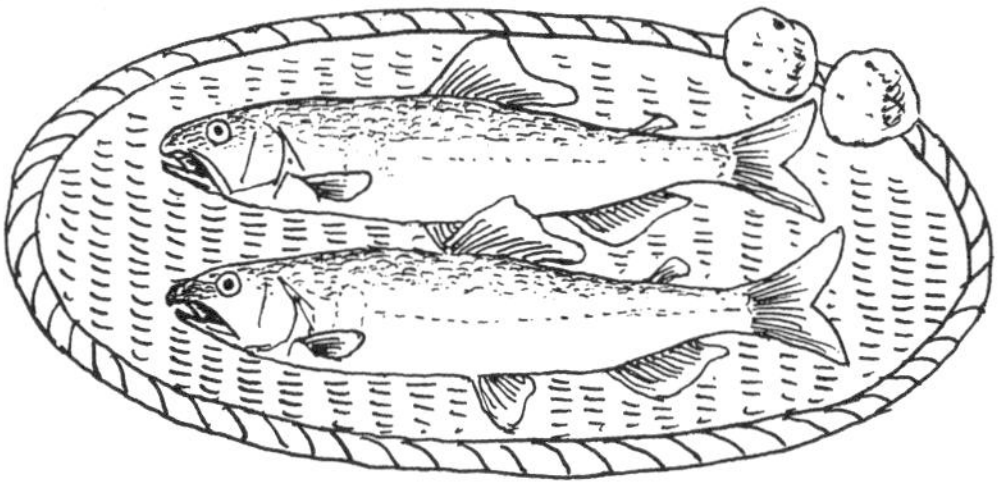

天然ものの塩焼きは格別。
ほろ苦みのあるワタまでしっかり
食べたい

干物道の深淵 今日は絶好の干物日和

●古代エジプトで干物が作られていた

紀元前三世紀ころの古代エジプトの壁画には、魚を背開きにして干物を作っているところが描かれている。まさに、干物は人類の知恵である。貯蔵できるうえ、生とは違う新しい味覚まで発見させてくれるのだから。

現代ニッポンでは各地に鮮魚のディスカウンターが出てきたが、量が多すぎるからとあきらめたりせずに、こういうときこそチャンスととびつこう。新鮮な魚ほど干物にするとうまいのだから。といっても、保存目的より、炭火での味わいを重んじるならば、軽く一夜干し程度がおすすめだ。

炭火で干物を焼く。これに味をしめると、「趣味は干物づくり」という世界が開かれる。風が吹いている日は絶好の干物日和であるが、梅雨どきだけは避けたほうがいい。

●今日も干物、明日も干物

「丸干し」は丸のまま干したもので、サヨリ、イワシ、ニシン、キンキ、カレイ、ソウハチ、ヤナギムシガレイ、マコガレイ、カワハギ、トビウオ、ハタハタなど。

「開き干し」。カマスやサンマなど細身の魚は見栄えをよくするために頭つき背開きで売られている。ほかにマアジ、サバ、ハゼ、マナガツオ、キス、アマダイ、ホッケなど。

「みりん干し」はコアジ、カタクチイワシが代表的。何枚か重ねた干物が干し台に並ぶ姿は風物詩にもなっている。

このほか、ホタテ、ハマグリなどの貝類、イカやブリの切り身などもビックリするような味わいになる。

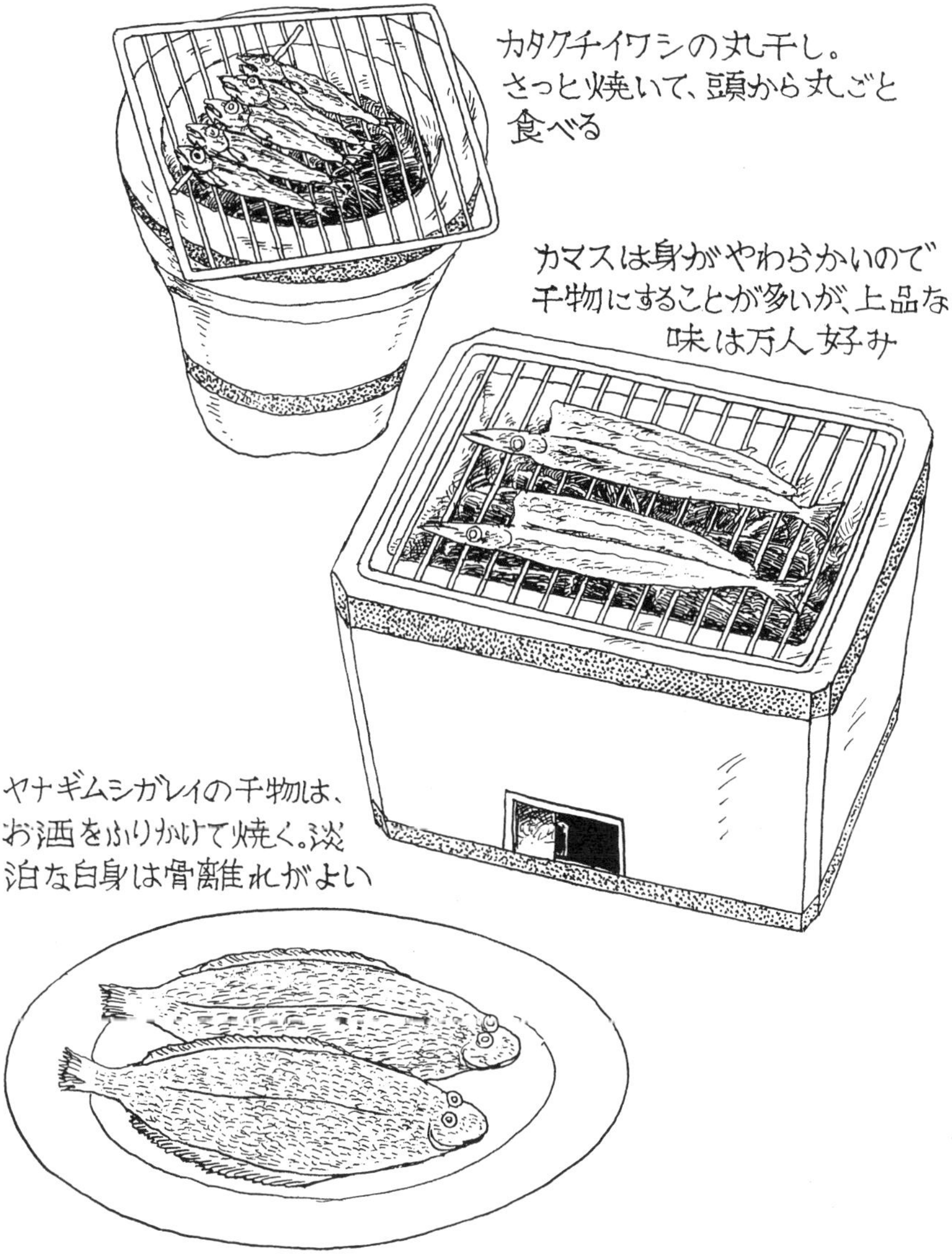
カタクチイワシの丸干し。
さっと焼いて、頭から丸ごと
食べる
カマスは身がやわらかいので
干物にすることが多いが、上品な
味は万人好み
ヤナギムシガレイの干物は、
お酒をふりかけて焼く。淡
泊な白身は骨離れがよい

干物道の深淵 自家製のうまさ極まる

●微妙な違いがうまさに影響する

干物に凝り出すとほんとうに楽しい。庭先で、ベランダで手軽にできる。

魚は背開きがむずかしければ、頭を切って腹開き、または二枚おろしでいい。ワタを抜いて、アジなどは小骨も取り食べやすくしておいてから洗う。

次に、塩水に漬けるのだが、ここは贅沢に、塩小さじ一杯に対し、酒半カップの割合にする。酒を用いると、魚くささが消えて仕上がり、まろやかなうまみが出て、身がやわらかいと三拍子そろう。

●簡単にして熟練を要する奥の深さ

漬ける時間は夏場は短く、冬場は長く、二〇～三〇分が基本。水気をきり、風通しのいい日陰で半日程度、または一夜干しにする。

みりん干しはワタを取って水洗いしたのち、ふり塩をして、しょうゆ、みりん半々の漬け汁に漬けて、ゴマをふって干す。

笊ザルや目カゴで干すが、金串を使ってメザシのように刺し通したり、ハンガーや小物干しに洗濯ばさみで吊るしてもいい。

塩加減、漬け加減、干し加減は経験を積むうち、わかってくる。干物の道は深淵である。

●自家製極めつけのうまさを追究

皮をサッと焼き、身を焼いている間に酒、みりん同量合わせたものを皮に三度くらい塗り、裏返して火を通したら皿に盛る。こうするとかたい干物の場合でも、身がほっくら焼ける。大根おろしやスダチで食べる。

みりん干しのようにしょうゆ味のものは焦げやすいから、さっとあぶって口へ直行。

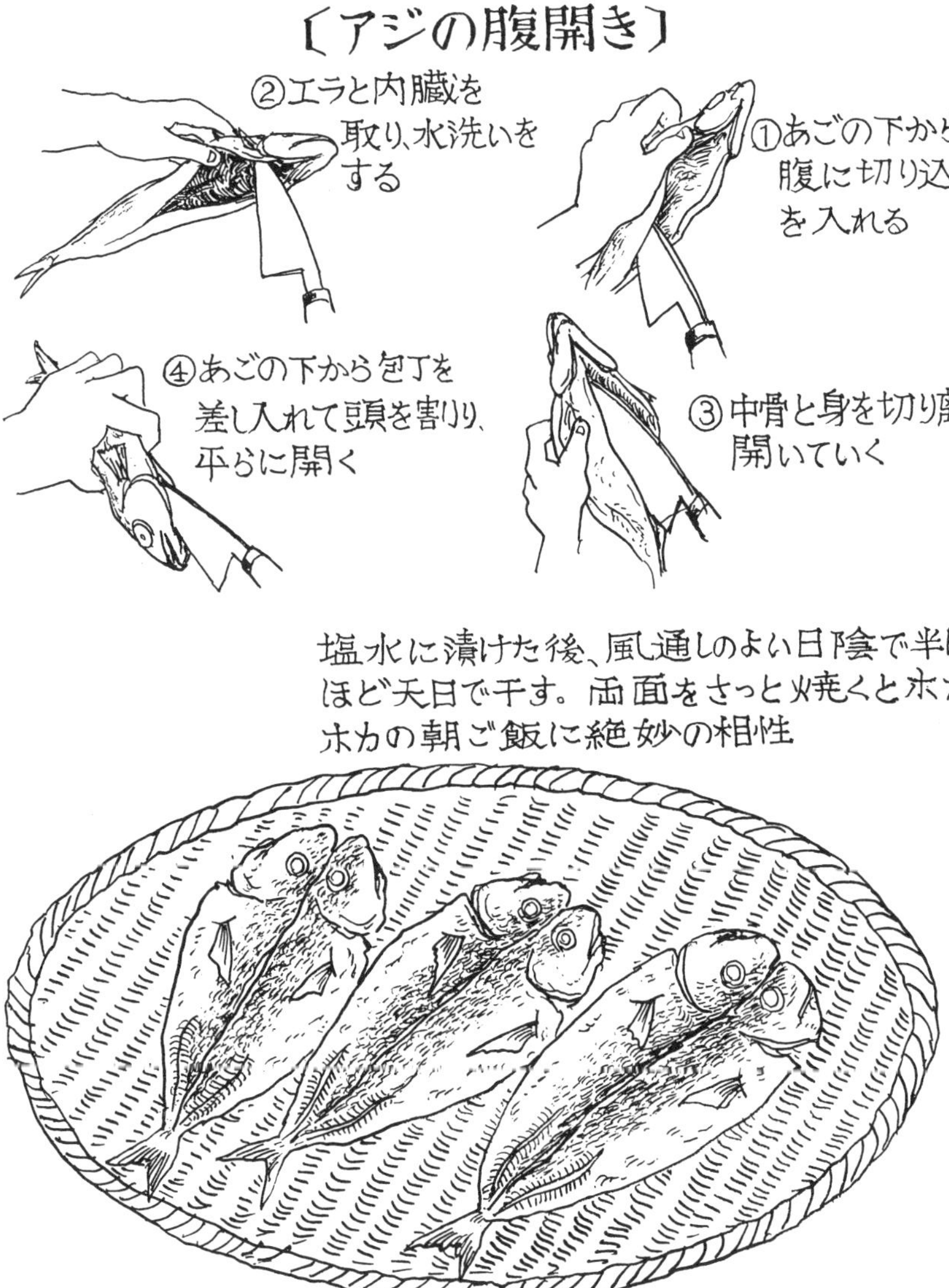
〔アジの腹開き〕
①あごの下から腹に切り込みを入れる
②エラと内臓を取り、水洗いをする
③中骨と身を切り離し、開いていく
④あごの下から包丁を差し入れて頭を割り、平らに開く
塩水に漬けた後、風通しのよい日陰で半日ほど天日で干す。両面をさっと焼くとホカホカの朝ご飯に絶妙の相性

貝焼きの贅沢三昧 アワビやハマグリも登場

●野趣あふれる浜焼き

漁師たちはとりたての貝類を、浜に石を積んだ炉を作り、焚き火や炭火をおこして楽しむ。アワビなどは踊るように身をくねらせるので残酷焼きともいわれるが、これがなんともうまい。磯の香りあふれ、野趣が満ちる。

というわけで、浜焼きの雰囲気を庭先で実現するとすれば、七輪と炭があればいい。

調味料はシンプルに。貝類はしょうゆとみりんをたらすだけで味がひきたつ。

アワビ、カキ、サザエ、ハマグリ、ホタテ、ホッキ貝、マテ貝など、浜の美味尽くし。

●サザエとホタテがジュワッ

サザエは壺焼きの風味が一番。直火で焼いて泡がふいたようになったら、しょうゆとみりんをたらし、フタがゆるんでジュワッと煮たったところで火からおろして食べる。

最近は小さな姫サザエが出回っているが、これならば安価でサザエの味覚を満喫できる。

ホタテはあらかじめ殻からはずしたものを殻にのせて焼き、酒を入れて沸騰してきたら、しょうゆを入れて、身を返す。

しょうゆ味のほかにみそ味もオツなもの。西京《さいきょう》みそを酒で伸ばし、砂糖とみりんを合わせた特製たれをまぶして焼く。

●「桑名の焼きハマグリ」とはり合う?

ハマグリはできるだけ大きなものを選ぶ。塩水で砂出ししたのち、黒いちょうつがいのような靭帯を切って焼くと、殻がパカッと開いて汁と香りが逃げるようなことはなくなる。両面にまぶした粗塩がカラッと乾いたら食べどきである。

焼きハマグリ

（なにもつけずに熱い
うちに食べる）

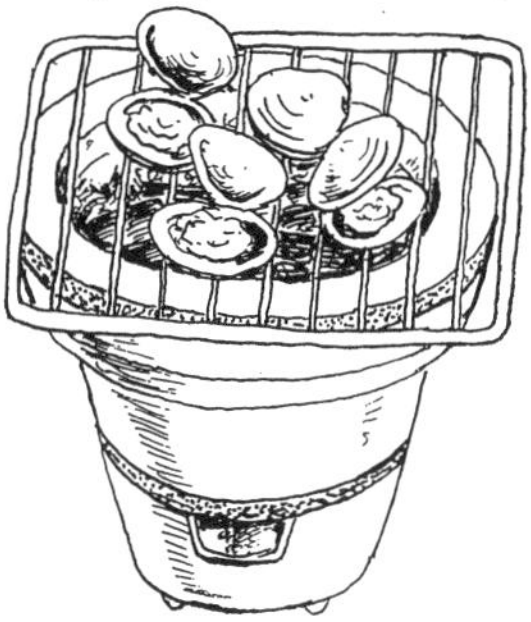

アワビの残酷焼き

（生きたアワビが熱さで
身をくねらせて躍る）

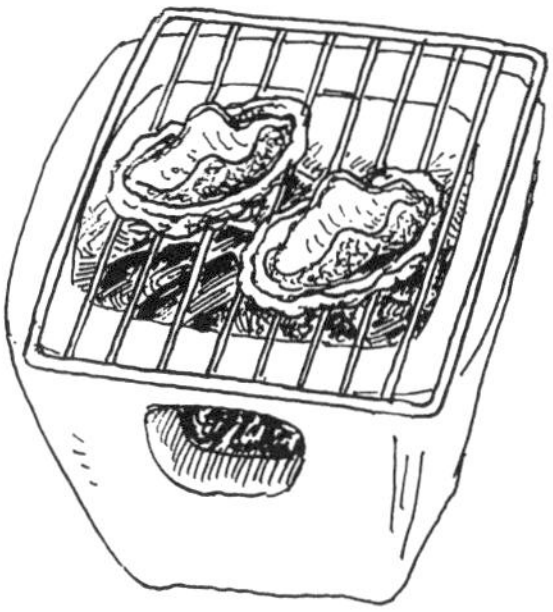

〔貝尽くしの浜焼き〕

磯の香りがあたりにプーン。焼きすぎると
身がかたくなるので要注意。

貝焼きの贅沢三昧 カキ焼きはクセになる

●英雄、「海のミルク」カキを好む

カキは「海のミルク」と呼ばれるほど栄養豊富。古今東西カキ好きはあとを絶たない。

フランスの文豪バルザックは一四四個、ドイツの鉄血宰相ビスマルクは一七五個食べたといわれ、第八代ローマ皇帝ウィテリアス、シーザー、ナポレオンなどの英雄がとくにカキを好んだことが伝わっている。

カキのシーズンは西洋ではRのつく月といわれるが、日本でも一〇月～三月が旬。しかし、秋田県の象潟《きさがた》などでは、夏場に産卵前の「旬」の岩カキをとる。新鮮なカキがその日のうちに料亭で調理されるそうだ。

●殻つきカキの網焼き

冬のカキ。産地では殻つきカキをそのままで焼き、好みでみそを入れる。一本だけある貝柱をナイフで切っておくと、殻が開いたとき、身が上にくっつかない。この取り扱いには軍手をして十分注意が必要だ。焼くときも殻の破片がパチッとはねたりする。

フタが開いたら、しょうゆとみりんを少量たらして軽く味つけし、レモンを搾って食べる。またはみそ味。火を通しすぎないことだ。

●むき身昆布のせの技

むき身で焼くときは塩水か、大根おろしをたっぷり入れたボールで回し洗いする。汚れが出て大根おろしが薄墨色になれば、水でふり洗いし、水気をきる。焼くときは網に少量油を塗っておけばむき身が網にくっつかない。

昆布を水で湿らせて、その上にむき身をのせて温める程度に焼きながら、ポン酢で食べても、磯の香りがあってオツである。

天然の岩ガキのなかには、20年近く海底で過ごしたものもいる。 殻がもっこりしていて、軽く焼いて食べるとおいしい

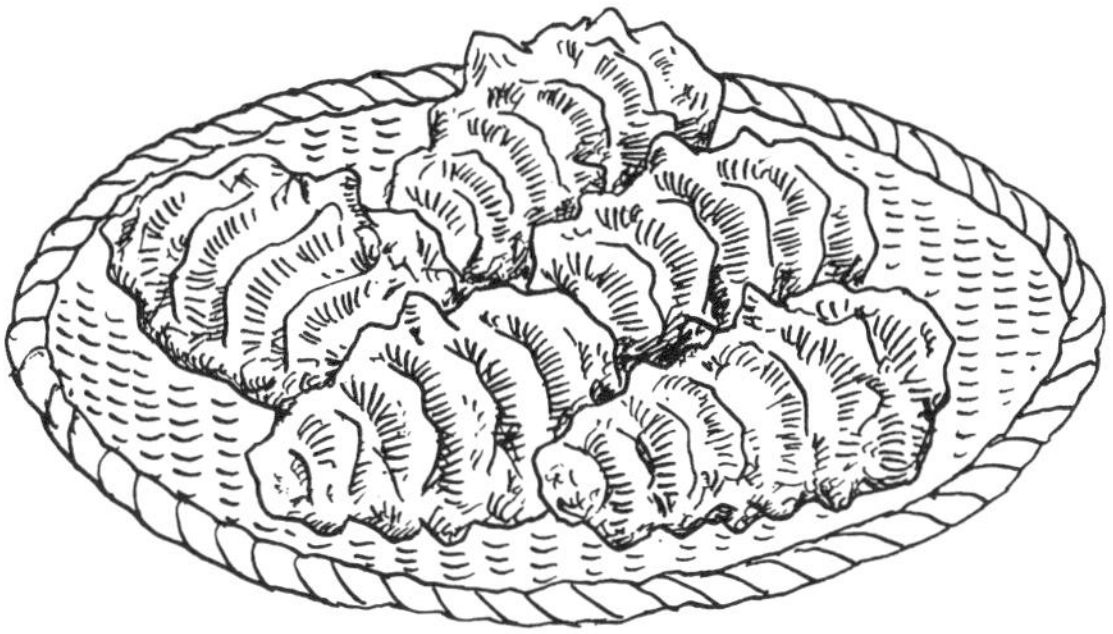

焼きガキは酒の肴に最適

焼きガニの小躍り タラバガニは脚が六本

●誰よりもカニを愛す

日本人のカニ好きといったらない。各地の朝市でもカニは一番人気だし、でっかいカニの看板を掲げたカニ料理の専門店、カニを手軽に食べさせる外食チェーンなど常ににぎわっている。シーズンには「思う存分カニを食べるのだ」という大命題だけで旅行が成立してしまうくらいだ。とにかくカニにかける情熱は並みたいていではない。

●冬の北海道はカニの宝庫

なんといっても北海道オホーツクの海のタラバガニはうまい。年明け厳冬から春にかけて網あげが始まる。ふつうカニはハサミが二本、脚が八本だが、なぜかヤドカリ類に属するタラバガニは脚が六本。

損した気分だって？　だが、その分は肉厚の長い脚と、味が補って余りある。

ハナサキガニも秋から冬にかけての北海道の名産。全身にかたいトゲがある。

このほか、冬の北海道や北陸からの毛ガニ。全身が羽状の毛におおわれていて、ずっしりと重量感がある。

●ズワイガニの呼び名いろいろ

ズワイガニも旬は冬で、地方によって呼び名がいろいろ。北陸地方で越前ガニ、ズワイガニ、山陰地方では松葉ガニ、丹後地方では間人《たいざ》ガニなどで、これらはオスの名称である。

メスは抱卵すると脱皮をやめてしまうため、オスよりも小さく、カニの世界ではオスが断然珍重されている。

冬が旬のカニが多いが、ワタリガニは夏場が旬。甲羅が横長のユニークな形をしている。

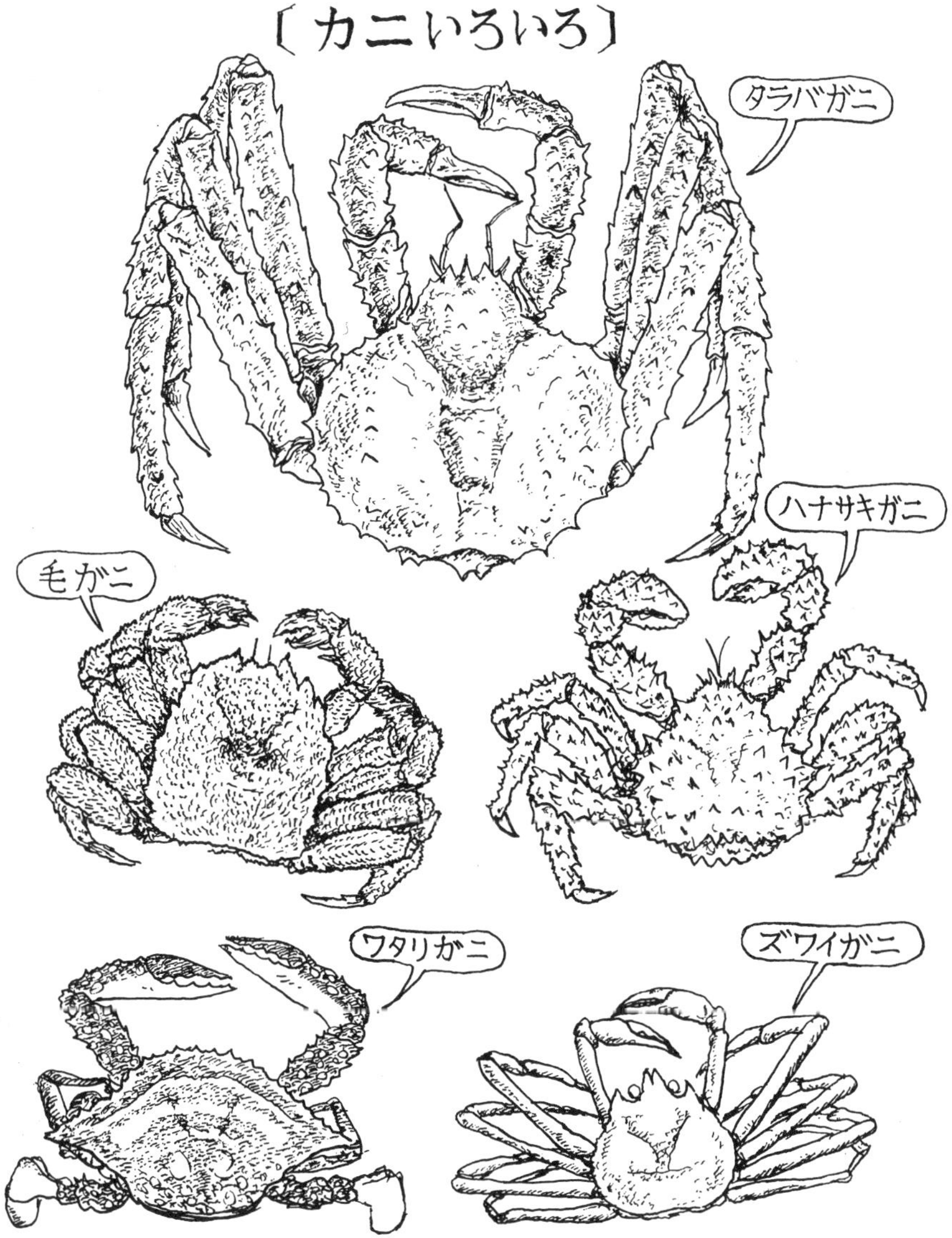
〔カニいろいろ〕
タラバガニ
ハナサキガニ
毛がニ
ワタリガニ
ズワイガニ

焼きガニの小躍り　東西横綱のそろい踏み

●東横綱タラバガニ

生タラバガニを豪快に殻ごと焼く。七輪の上に網をのせて熱し、おもむろにカニをのせる。身と切り目を入れた脚とを前もってバラバラにしておかないと網にはのりきらない。うまく焼けてくれよと願いつつ、網にのせる。思わずうれしさのふくみ笑いがこぼれる。ゆでたとき同様、鮮紅色に変わってくれば、もう食べごろ。

タラバガニは身そのものが甘いので、焼き上がりに塩をふる程度で十分である。むしろ何もつけないほうが美味。カニそのものの味覚を味わいたい。ほどよくしまって、塩気があって最高の味覚である。

カニは淡泊すぎて……という人は、酒七、水三の割合に塩、好みで化学調味料を加えた「たまわり」をふりかけて焼くと、肉に味がしみ込んで風味が増すので、お試しあれ。

●西横綱ズワイガニ

ズワイガニも贅沢に、そのまま焼く。京都府・丹後地方のある料亭では囲炉裏を囲んでの活け大ガニの炭火焼きが名物になっているそうな。もちろん炭は備長炭《びんちょうたん》である。

ここではカニを焼きつづけて数十年というベテラン女性がアツアツの殻を素手でさばき、カニが色づいて、香りたつタイミングを見定めて出してくれる。

囲炉裏を囲んで、お銚子でホロ酔い加減になったころ、出されるカニは絶品だ。爪、脚、腹、カニミソ、すべてがうまい。

俗にミソと呼ばれているのは肝臓の部分で、新鮮なカニミソは黄色をしている。

タラバガニを殻ごと焼く。
ほどよく締まった身は歯ごたえ
があって 甘い
料亭で炭火で焼かれるズワイガニ
の爪、脚、腹、カニミソ。すべて
絶品

●エビ鬼殻焼きの大胆 香りたつ身をむさぼる

●伊勢エビの鳴き声にうまさが潜む

日本人がカニ派、エビ派で内閣を作ったら、どちらの支持者が多いか、見当がつかない。エビ派政権では、総理大臣は伊勢エビか。大きさでは約六〇cmというニシキエビがいるが、なんといっても伊勢エビはエビの王様だ。だが、年々高嶺の花になりつつあり、最大四〇cmもあるものは少なくなってきた。本場伊勢では一〇月から四月にかけてが旬。正月や祝いの膳での伊勢エビの頼もしいこと!

伊勢エビの鬼殻焼きを本場のある料亭では「残酷焼き」と命名して食べさせている。

生きたままを南無三と炭火の網にのせると、熱がってキューキュー鳴き出す姿は、残酷を絵に描いたよう。しかし、それにもめげずに焼き上がりを待って大胆に身をむしって食べるうまさ。香りがたったら食べごろである。

一般には、胴から尾までを二つに切り分けてふり塩し、身をさっと焼いてから、殻を下にして焼く。みそを身にすりつけてポン酢か、粉ザンショウで食べてもうまい。

●刺し身にしたら、頭を焼くのが定番

車エビは夏場が旬。ゆでると丸まって車輪のようになるからその名がついたそうだ。天然のものは二〇cmを超える見事さである。

頭はそのままで背中を切り開き、しょうゆだれをつけて焼く。刺し身のあとの頭だけを塩焼きしてもうまい。レモン汁を搾りかける。

エビの御三家といえば、残りは秋から冬にかけて旬の大正エビ。このほかブラックタイガー、芝エビなどが焼いて美味。身が曲がらないようにするには竹串を打てばいい。

〔伊勢エビの鬼殻焼き〕

包丁で胴から尾までを切り分け、さらに頭を切り割ってから焼く

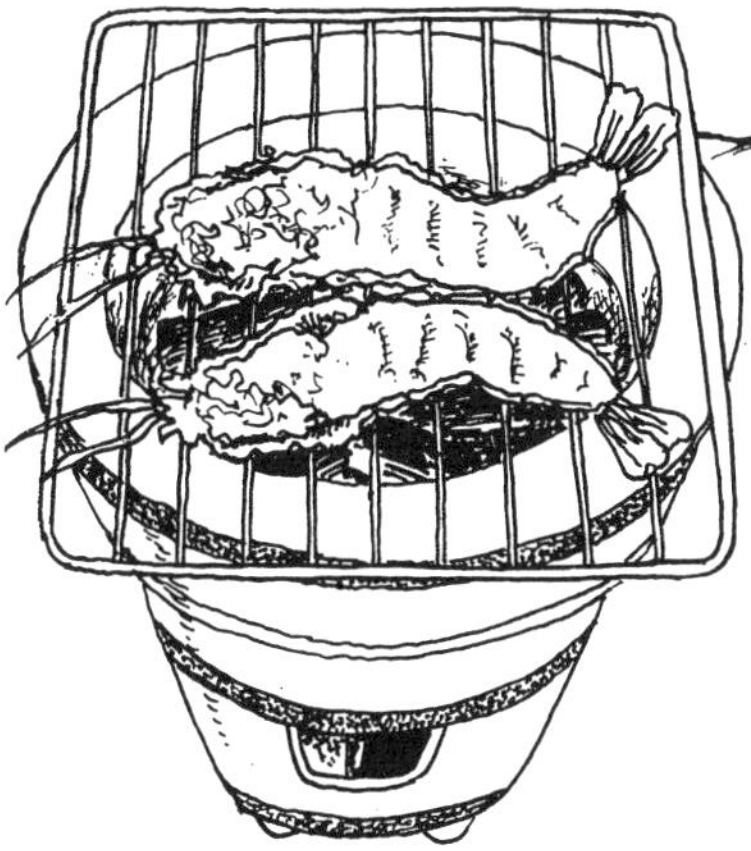

〔伊勢エビの残酷焼き〕

熱さのため、キューキュー鳴く姿は、まさに断末魔。しかしなぜか野趣満点

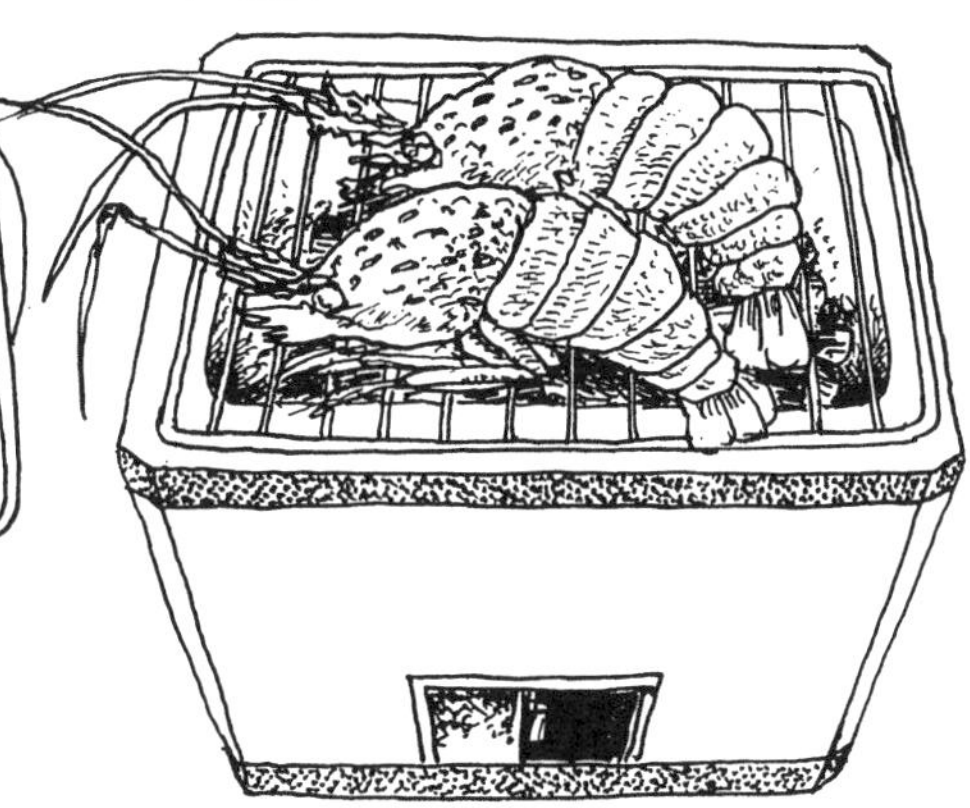

〔車エビの頭の塩焼き〕

独特の歯ざわり。ミソも詰まっていて、全利用の美味

〔車エビの鬼殻焼き〕

背を切り開き、しょうゆ、酒をかけてさっと焼く

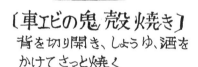

◆コラム②
ウナギ「焼きは一生」の心意気

土用のウナギ、でなくともウナギは食べたい。東で夏ばてすればウナギの蒲焼き、西でスタミナ切れになればウナ重と、日本全国どこに行ってもウナギ好きは多い。

お重からはみ出しそうなウナギを見るときの人々のうっとりした顔を見てみるがいい。

なんとウナギは奈良時代から食べられていたという。これが江戸時代の元禄年間になって開いて食べるようになり、急速に広まった。丸のままだと気持ち悪がる人がいることだろうから、まさに料理界のノーベル賞ものだ。

浜松に行った人が、やれうれしやウナギの本場だと、いさんでパクついたところ、皮がゴムのようにかたくて愕然としたそうである。

一方、浜松の人にいわせると、東京のウナギはやわらかくて性に合わないという。

なぜ、この違いがおこるのか。

西では一度素焼きにしたものをたれにつけて焼くだけ。それに対して東では一度素焼きにしたのを蒸すからやわらかく仕上がるのだ。

この東と西の食の分岐点はいずこか？

そして、上方《かみがた》の腹開きにたいして、切腹を嫌った江戸は背開きの伝統が受け継がれてきた。たれをご飯にもたっぷりまぶす関西に対し、関東では蒲焼きにかけるだけと、ウナギは東西食文化を代表する一品である。

大阪の半助鍋、九州柳川のせいろう蒸しなどのように、地方独特のウナギ料理もある。

そして、うまいウナギ料理を支えているのが炭火である。「串打ち三年、裂き八年、焼きは一生」といわれるくらい奥が深い。

本格的ウナギ料理を食べるならば、炭火焼きの店へ入り、焼き上がるまでじっくりと何時間でも待つという心意気というか、覚悟が必要である。それでこそウナギも本望である。

III

穀菜の野趣

豊穣の至福を味わう

ネマガリダケを炭火であぶる

キノコの贅と悦
秋の味覚の王様マツタケ

●マツタケは天下の名菌

ほのかなる朽木の香り
そがなかの蕈《きのこ》の香りに
秋やや深し　――石川啄木『一握の砂』

さすがは天才の表現である。秋の味覚マツタケはかくのごとくありがたい。

マツタケはアカマツ林にしか自生しないが、燃料としてガスが普及したことが回り巡って、マツタケを超高級品にしてしまった。炭火をおこすための松葉や下草などを刈ることがなくなって山が荒れてしまったからである。

そうした環境の変化を乗り越えてきた国産マツタケには、炭火で焼いて美味をひき出すことで報いたい。また、国産マツタケには香りで一歩譲るが、韓国、カナダなどからの輸入ものも品質良好になっている。秋の味覚を存分に味わいたい。

旬の感覚の薄れている今日、人工栽培ができずに、秋に登場するマツタケには「自然の実り」の意地さえ感じられてすがすがしい。

●料理あまたあれど、究極は炭火焼き

マツタケは料理をいろいろ楽しめる。

シンプルに焼きマツタケ、ホウロク焼き。蕾《つぼみ》からやや開き加減のものがもっとも美味である。やや開いているものは、土瓶蒸しやすき焼き、煮物など多少手間をかける料理に向いている。

完全に開いてしまったら、マツタケご飯と利用法はさまざまである。

しかし、なんといってもマツタケの「香り」を味わうには焼きマツタケが一番である。

炭火のマツタケで一首、秋深し……。

マツタケは秋の味覚を
代表する天下の名菌

マツタケの土瓶蒸し

焼きマツタケ
マツタケを半分に切り割り、
中火でさっと焼く。
あたりに秋の香りが
プーンとただよう

●キノコの贅と悦 マツタケ・シイタケの焼き方

●松茸や　ああ松茸や　松茸や

庶民に生まれると、マツタケがしみじみとうれしい。この機会を逃すと次はいつになるかわからないから、しっかりと記憶に留めておこうと、目でためつすがめつ味わい、それを後生大事に焼きマツタケにする。

塩水に漬け、ふり洗いして水気をふく。傘が半開きが最高だが、そんな贅沢はいいっこなし。マツタケを半分に切り割って網にのせ、中火でさっと焼く。生のときは弾力があるが、やがて香りがたってしなっとする。そのときが食べどきである。熱いのをタテ半身に手でひきさいて、しょうゆ、大根おろし、あるいはポン酢などで食べる。シコシコした歯ざわりを思う存分に味わう幸せ。

ホウロクの上にのせてマツタケを焼くのもいいものだ。ギンナンに松葉を刺して焼いたものを添えると、秋の風情はいっそう深まる。

●マツタケがなければシイタケがあるさ

生シイタケは炭火焼きならばどんこ（肉厚系統）がおいしい。根元を切り落として傘の表から焼き、裏返す。表面に水滴がしみ出てくれば焼けている。その後にしょうゆやポン酢じょうゆ、大根おろし、ショウガじょうゆ、レモンなどの果汁を搾りかけて食べる。

しょうゆと酒で割ったたれに洗う感じでサッと通して焼くか、塗りながら焼いてもいい。軸部分を取って、穴にみそを詰めたり、とろろを詰めて焼いても美味。

埼玉県・秩父の夜祭りではシイタケが四～五個串に刺して焼いて売られ、たいへんな人気。石づき部分を少し残し、そこに串を刺す。

秋の風情の極めつけ。
主役は焼きマツタケ

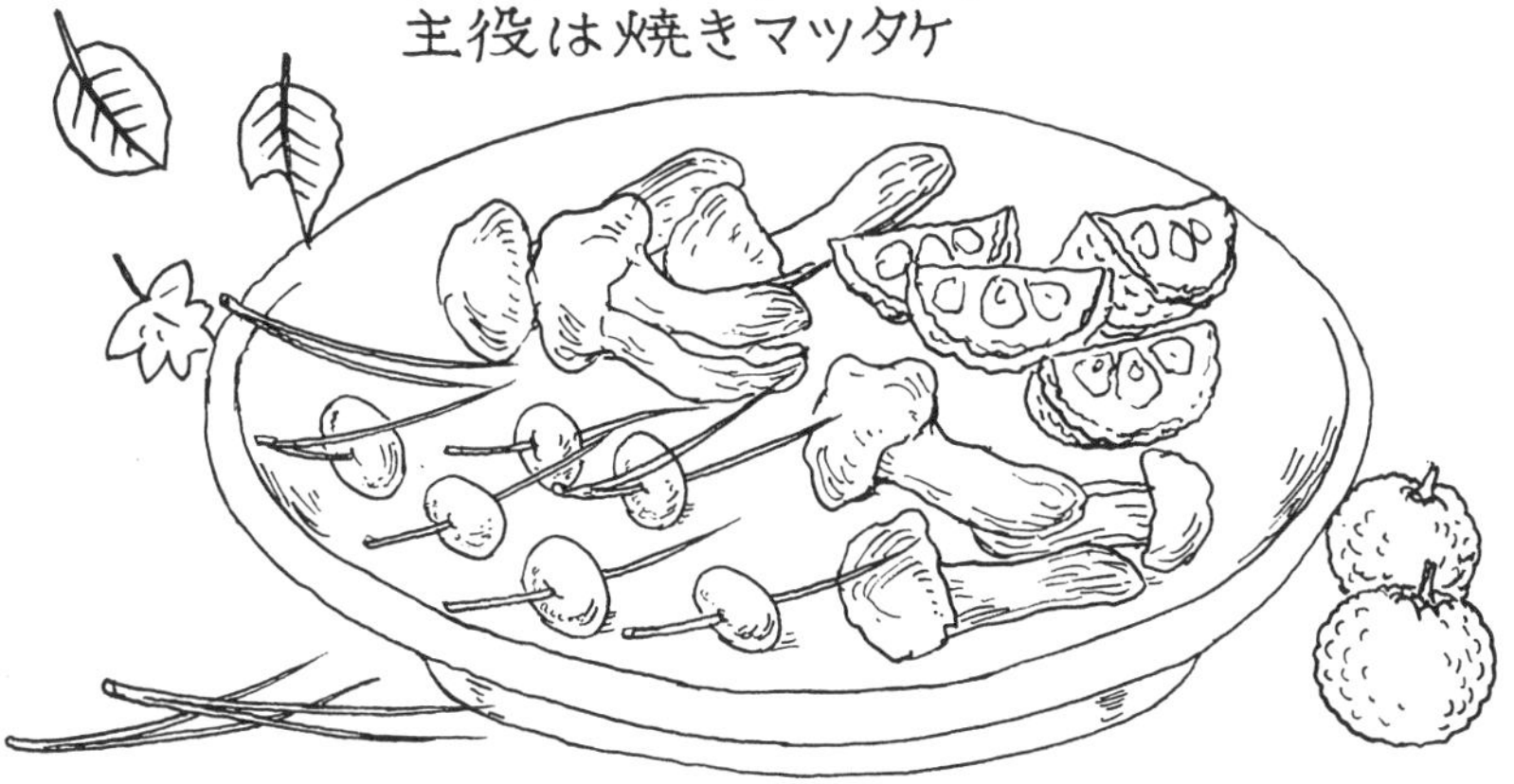

〔串焼きシイタケ〕

秩父の夜祭りでは シイタケ、ダンゴ、川魚など 炭火串焼きメニューが好評

〔焼きシイタケ〕

肉厚の生シイタケを ジワッと焼く。傘の裏に好みの調味料を入れる

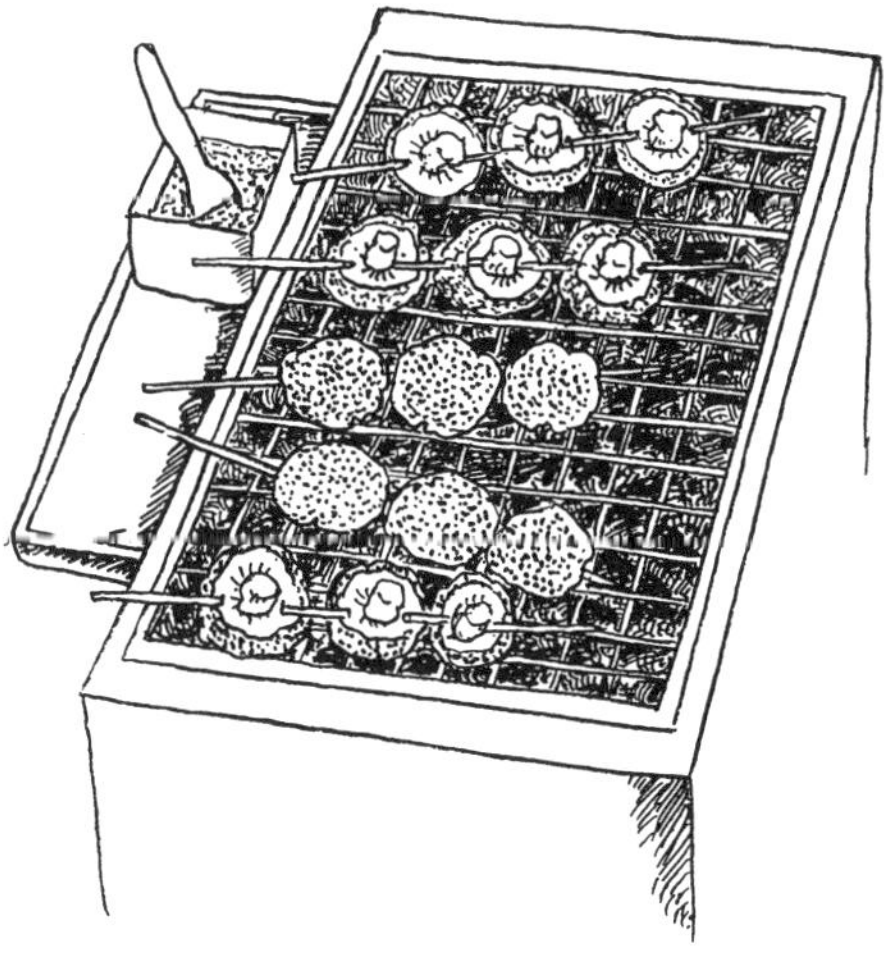

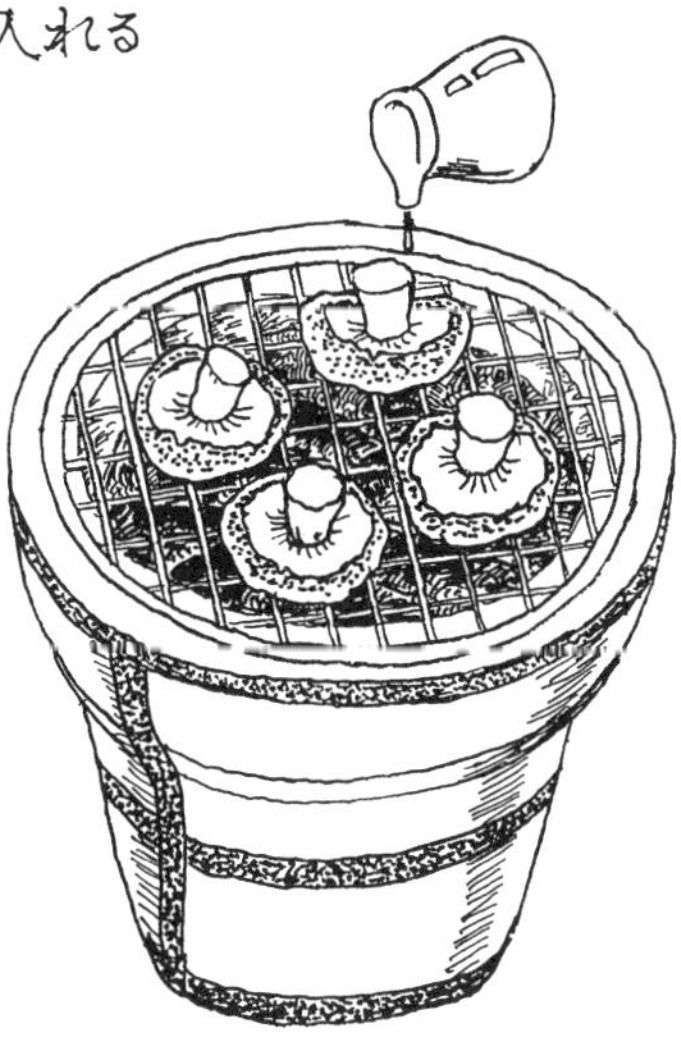

ネマガリダケの香ばしさ 北国の春の味覚

●初夏の味覚はネマガリダケ

ネマガリダケは、チシマザサのタケノコである。春に登場する太めの御大タケノコよりやや遅く、ネマガリダケは中国地方は春、長野、東北、北海道にかけては初夏に登場する。

細目のミニサイズで、幼い姫君のようなような初々しさがあるかわいいタケノコである。炭火で焼くと実にうまい。

新鮮なネマガリダケが手に入ったら、早速焼いてみよう。

天然の皮に包まれているから、あとで皮がむきやすいように、ナイフでタテに一本スジを入れておく。

これを網焼きにする。小さいから焼き上がりも早く二〜三分が勝負。火のそばで見ながら、適当に転がしながら焼く。でき上がったら、皮をむいてしょうゆやみそをからめて口へ直行させる。

●秋の味覚はトウモロコシ

炭火で焼いてうまい季節の味といえばトウモロコシも負けない。俳句の季語では秋だが、夏の北海道名物といえるのが、とれたて焼きたてのトウモロコシ。祭りの夜店の焼きトウモロコシもこんがり焼きたてをわたされると楽しさが一〇〇倍にふくらむから不思議だ。

もろこしを焼くひたすらになっていし　中村汀女

唐黍を強き炭火に切に焼く　和田常一

この二句に表されているのが焼き方の極意。「強き炭火」で、「ひたすら」焼く。

焦げ目がつき加減のころにしょうゆを全体に塗って焼き上げる。はじけるおいしさ!

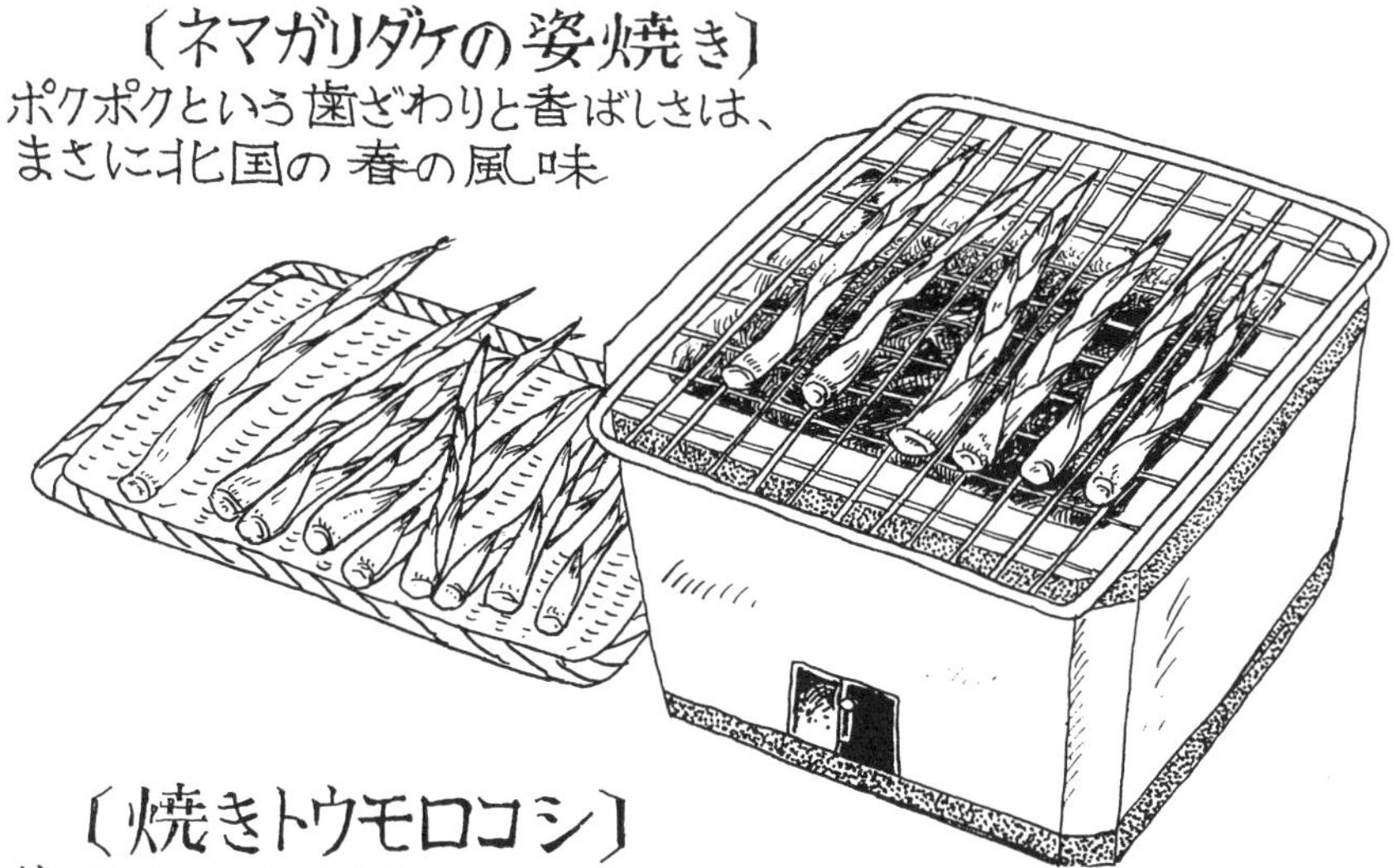
〔ネマガリダケの姿焼き〕
ポクポクという歯ざわりと香ばしさは、
まさに北国の春の風味

〔焼きトウモロコシ〕
強火でこんがり焼かれたトウモロコシは、
ノスタルジアの逸品

焼きおにぎりの温もり
縁結びと結びきりの願い

●締めで食べたいナンバーワン

居酒屋でほろ酔い加減になって、締めたい食べ物——これをアンケートにすると焼きおにぎりが断然トップになるだろう。

店によって、大小、三角、丸、俵と形もさまざま、まぜものご飯のおにぎりだったりするけれど、酒と焼きおにぎりがおいしければ、いい店だったと満足するものである。

東京・神楽坂の路地裏に焼きおにぎりを売りものにする小料理屋「わかまつ」がある。昭和四四年の開店以来、女主人の諸橋佐起子さんが作るおにぎりは、焼きおにぎり一種類。ひいき筋からの予約注文で出前を受けつけるほど、味に定評がある。

香ばしいおにぎりひとつで、店が繁盛してしまう。たかがおにぎり、されどおにぎりである。おにぎりの道もまた遠くつづく。

●おにぎりは母の温もり

遠いといえば、おにぎりの歴史ははるか昔である。古代人はおこわの原型である強飯《こわめし》を竹の皮などに包んで狩りなどに携帯していた。これが平安時代中期になって「屯食《とんじき》」という強飯のにぎり飯に代わる。便利なために兵糧として重宝され、一般にも広がったそうだ。

「にぎり飯」と呼ばれるようになったのは江戸中期の享保《きょうほ》年間。いまは呼び名も地方によって「おむすび」「おにぎり」と二通りある。

縁結び、結びきりというように、結びには願いの意が込められる。戦に愛する人を送り出す母や妻が無事であれと願う気持ちから出た言葉だろうか。おにぎり、おむすびにはいまもむすぶ温かな気持ちが込められている。

〔焼きおにぎり有情〕

わかまつの女主人・諸橋佐起子さんは、粋な焼きおにぎりづくり25年余り

花街の路地にある「やきおにぎり」の看板。なぜかぬくもりがある

わかまつ製焼きおにぎりは、しょうゆをベースに酒を加えた㊙たれで作る。予約で歌舞伎座や近所の料亭に出前もする

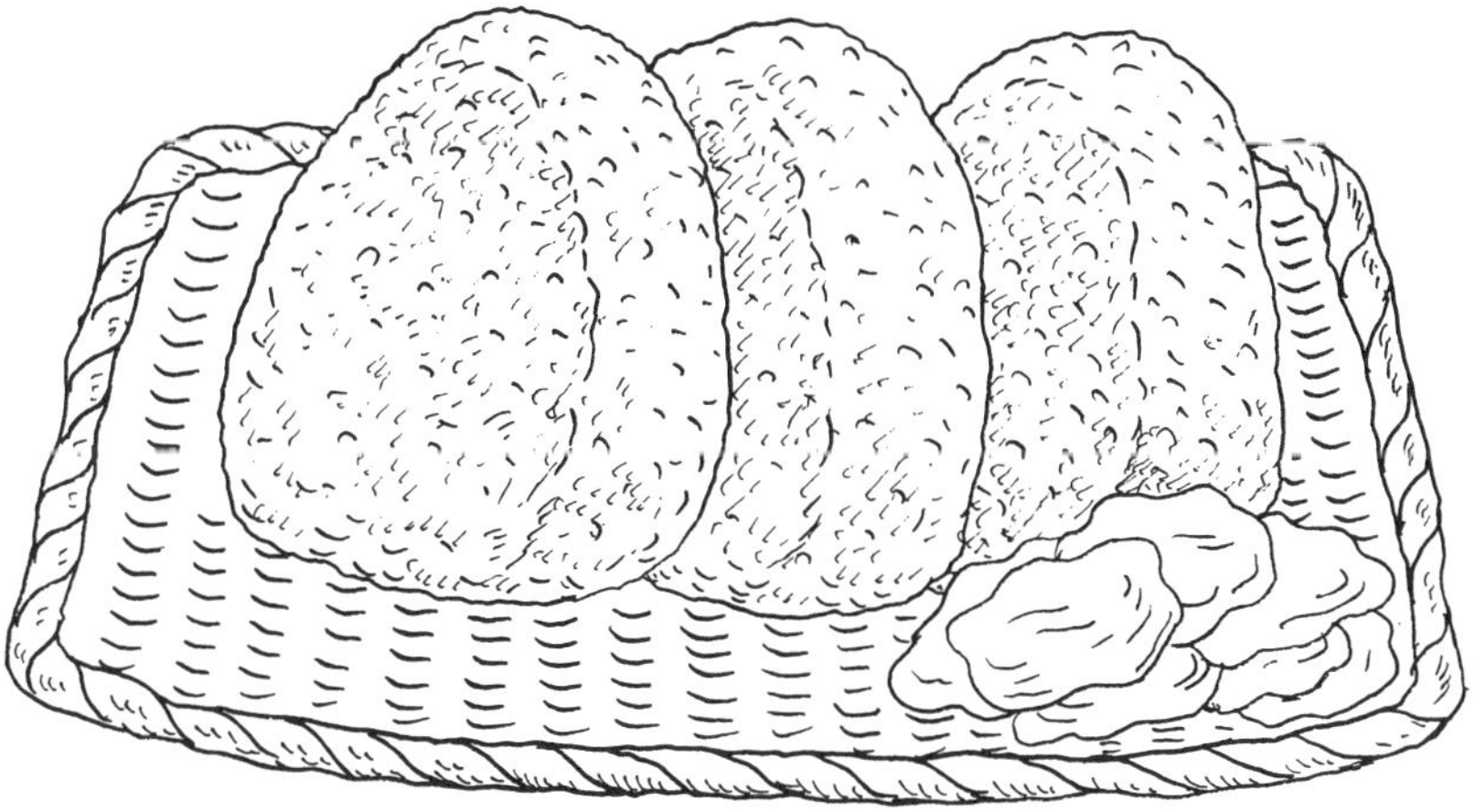

焼きおにぎりの温もり しっかりにぎって焼く

●しょうゆ派の作り方のコツ

焼きおにぎりはご飯が決め手。おにぎりを作るときはややかためにご飯を炊いておく。もちろんどのおにぎりでもそうだが、塩と手水を用意しておいて、炊きたてのほかほかをにぎること。塩はほんのひとつまみ。

軽くお碗一杯分の米を、塩をのせた左手にとり、形をととのえながら右手の平のカーブで三角ににぎり、ワン、ツー、スリーでフィニッシュ。外はしっかり、中はふんわりが基本だが、焼いている途中で崩れないように、ふつうのおにぎりよりはしっかりにぎっておく。しょうゆ、みそなどシンプルな焼きおにぎりは具は入れずににぎる。

網は事前に油を塗り、強火をおこし、空焼きしておく。中途半端な焼き方では網にくっつくので、弱火から中火の遠火でじっくり片側を焼いたら、裏返して焼く。ハケでしょうゆを表面にからめて、両面を二度ほど焼いたら焼き上がり。せっかちに焼かないのがコツ。

●みそ派の作り方のコツ

みそは好みでみりんで伸ばしておき、しょうゆと同様に塗りつけて、乾くまであぶる。

新潟地方には、ショウガをすりおろして、砂糖とまぜたみそを塗って焼く「けんさ焼き」がある。これを茶碗に入れ、熱いほうじ茶、番茶、熱湯などを注いで食べる。冷えたおにぎりでも美味。みそだけでも香ばしいが、サンショウ、ゴマ、オカカ、アサツキなどを入れてもいい。

ショウガみそにせずに、水でさらしたショウガを千切りにしても手軽にできる。

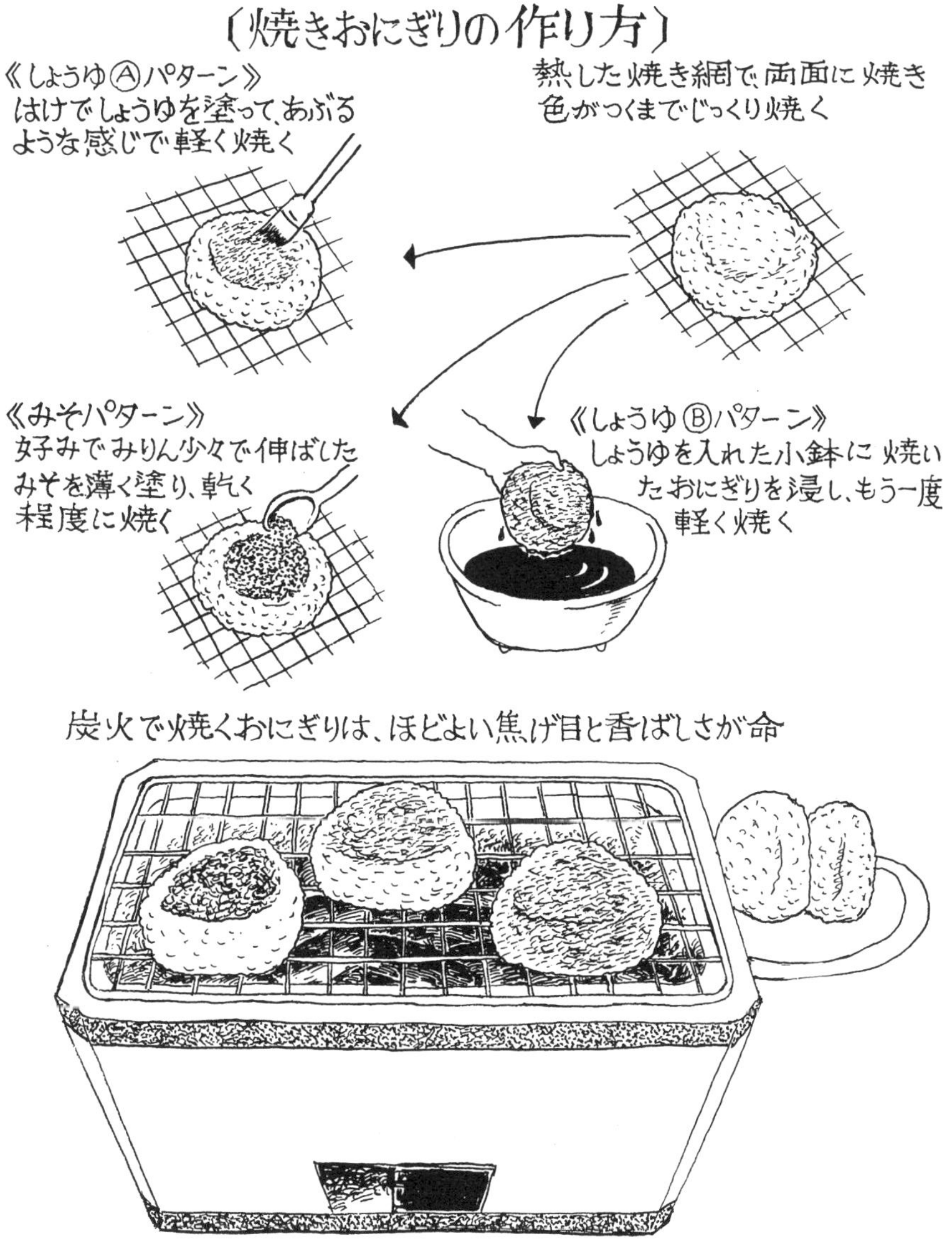
〔焼きおにぎりの作り方〕
《しょうゆⒶパターン》
はけでしょうゆを塗って、あぶる
ような感じで軽く焼く
熱した焼き網で両面に焼き
色がつくまでじっくり焼く
《みそパターン》
好みでみりん少々で伸ばした
みそを薄く塗り、乾く
程度に焼く
《しょうゆⒷパターン》
しょうゆを入れた小鉢に焼い
たおにぎりを浸し、もう一度
軽く焼く
炭火で焼くおにぎりは、ほどよい焦げ目と香ばしさが命

焼きおにぎりの温もり 変わり焼きも楽しい

●まぜ込んだり、まぶしたりで変化

いろいろな変わりおにぎりを楽しもう。

ご飯の上に塗るタイプでは、ウニをのせて焼く、カレー味にする、クルミやナッツを刻んだり、すりつぶしたりしてみそ味おにぎりにまぶす。さらに、みそにケチャップを少々まぜて焼く、マヨネーズをのせる、とけるチーズをのせるなどいろいろ。

みそにしても、白みそ、ゴマみそ、金山寺《きんざんじ》みそなど各種試してみるとおもしろい。

シンプルな変わりおにぎりとしては、北海道地方のバター焼きおにぎり。タラコやサケを芯に入れてにぎり、とかしたバターをおにぎりにつけて焼く。仕上げにしょうゆをふりかけて焦げ目がついたら焼き上がり。バターの味がしみ込んでうまいが、バターが多いと崩れやすいから要注意。ご飯に青ジソなどをまぜ込んでもいい。

●お餅やおいなりさんも焼く

シソワカメ、青菜、ウニ、オカカ、チリメンジャコ、しば漬け、ゴマなどをまぜ込んだり、まぶしたり、あるいは、炊き込みご飯をにぎったり、おにぎりの世界はどんどん広がって楽しい。ケチャップなどでピラフ風に味つけして焼くのはお子様向きか。

残りご飯に小麦粉をまぜ、みそを適宜、塩少々を入れてこねて丸くにぎる。これを焼けば焼きおにぎりというより、焼き餅になる。

ゴマやたくあんのみじん切り、あるいは炊き込みご飯を入れたおいなりさんを作っておいて、それを焼いて、片面にみそを塗って食べる。これもなかなかオツである。

〔変わり焼きおにぎりバリエーション〕

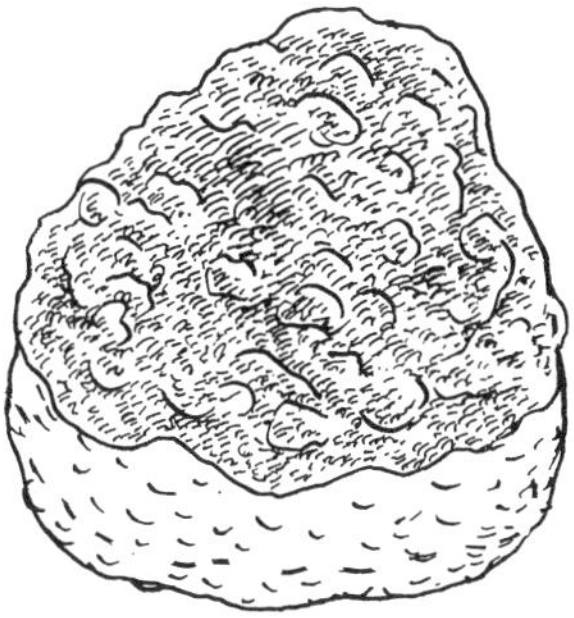

カレー焼きおにぎり

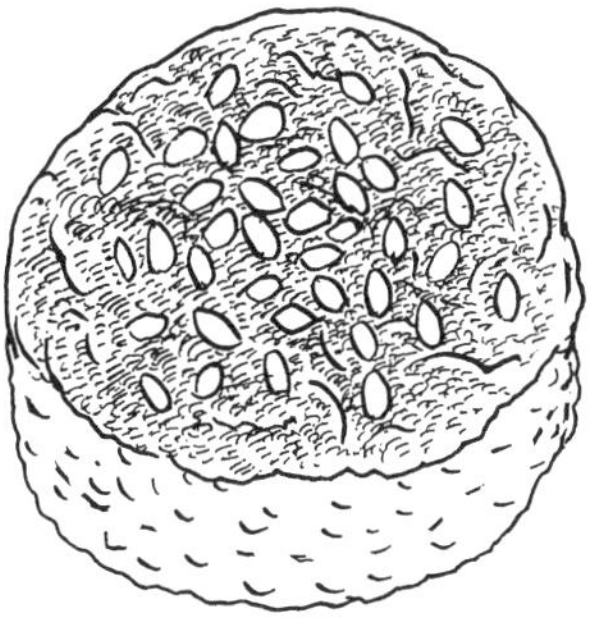

ウニ焼きおにぎり

バター焼きおにぎり

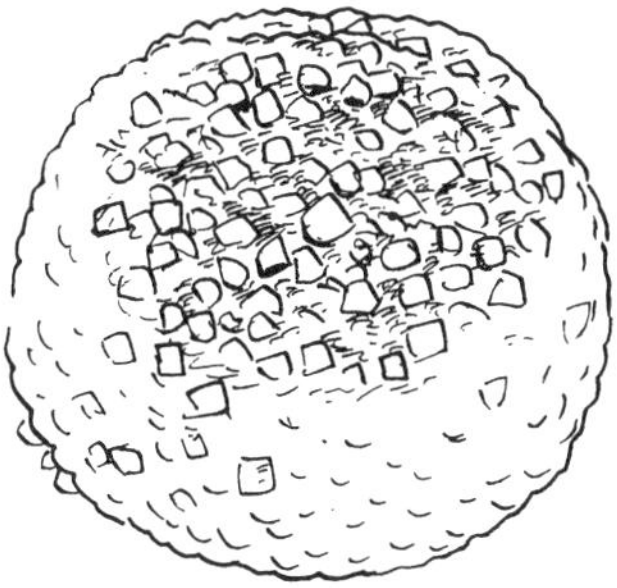

ナッツ焼きおにぎり

シソ&岩ノリ混ぜ焼きおにぎり

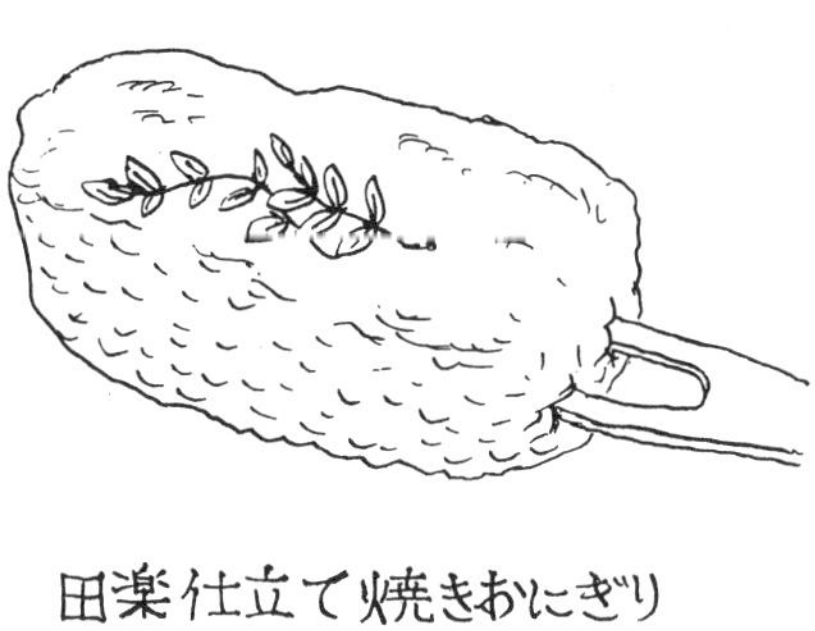

田楽仕立て焼きおにぎり

朴葉みその趣向 ムジナを誘い出すうまさ

●朴葉は万葉の世から実用に

朴葉《ほおば》焼き、朴葉みそで名高い「朴《ホオ》」はモクレン科のひときわ葉が大きな樹木である。ホオはもともと包むの意味で、古代からホホガシワといわれた。

『万葉集』の歌にも「酒飲むといふぞこの厚朴」という一節があり、葉に料理を盛るだけでなく、野外で杯の代わりもしたらしいことがうかがわれる。

朴葉は実用面では刀の鞘《さや》、下駄、金銀細工の研磨などに用いられてきたし、山国では焼きみそと呼ばれ、朴葉の上にたっぷりのみそをのせて焼く「朴葉焼き」がいまも食卓にのぼっている。

朴葉焼きは、みそに刻みネギとシイタケを入れたり、地方独特の漬け物を添えたりといろいろ。イモ、カボチャなど野菜を添えるところもあり、地方というより、各家でくふうして食べられている。

●神や仏に感謝するときは朴葉の出番

青い新葉で朴葉ずしを作る習慣がある地域もある。田植えの時期にすしを田の神様に供え、五穀豊穣を祈ったあと、健康を祝して食べるのである。

岐阜県の飛騨高山地方などでは、みそがタンパク源代わりに使われ、「ムジナを誘い出す」とそのうまさが歌われた。何はなくとも、朴葉みそがあればいい、と機会あるごとに食されたという。

また、お盆の時期には、餅つきをして、朴葉で包み、仏様に供えたあと、焼き餅にして食べる習慣なども残っている。

お盆の時期に作られた朴葉餅。
雑煮にしたり、炭火で焼き餅にし
たりして食べる

高山の朝市では野菜、くだもの、
漬け物に交じって朴葉が売られて
いる

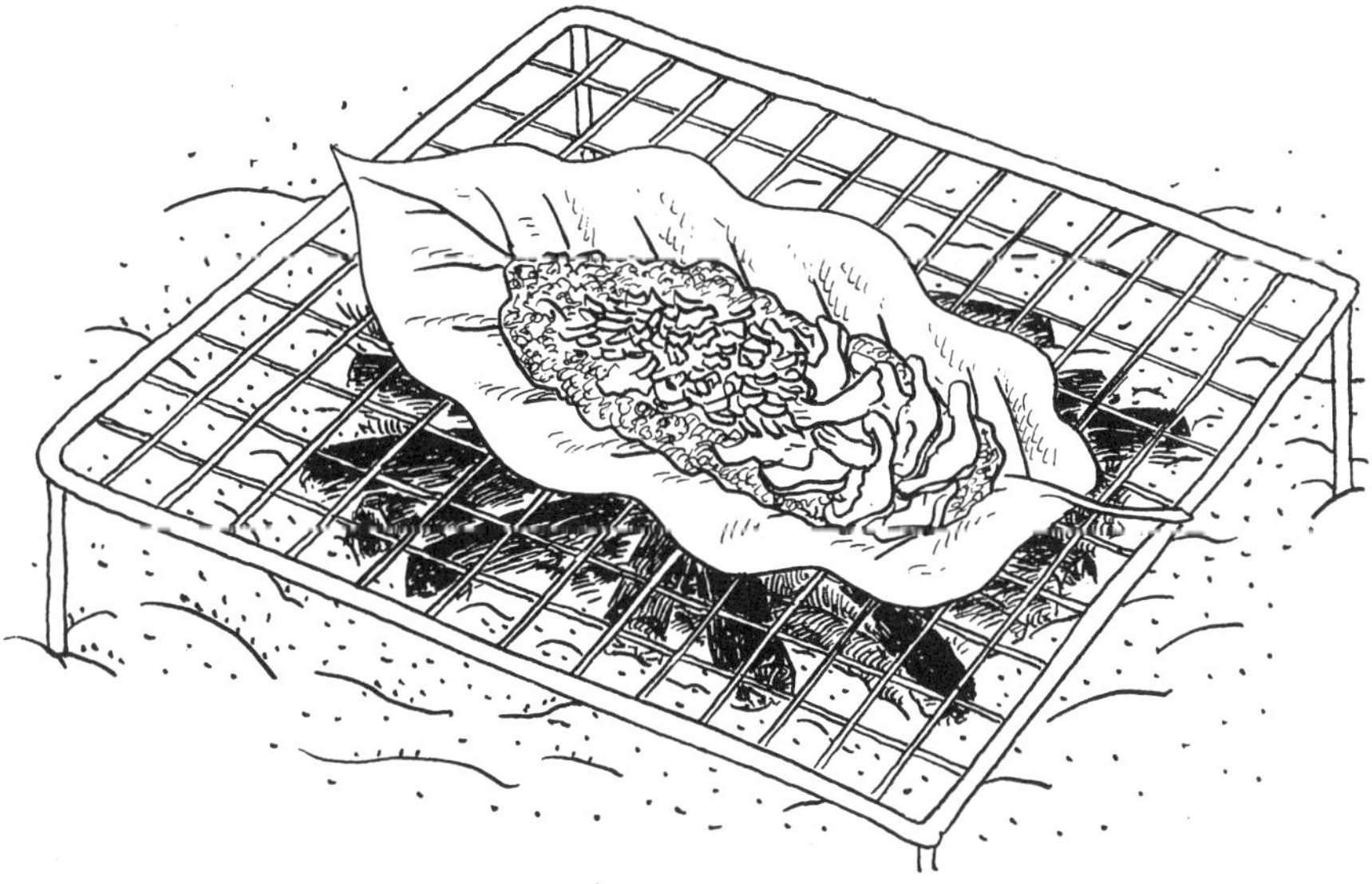

朴葉とみその芳香がほんのりただよう
（高山市江名古町の囲炉裏民宿にて）

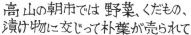

朴葉みその趣向 葉の上で香りを焼き込む

●朴葉はたくさん保存しておく

朴は一〇月ころから落葉しはじめるが、厚くて大ぶりの葉を選んで、塩水に浸して清め、二日ほど陰干しで乾燥させる。これに重石をして平たく伸ばし、保存しておけばあらゆる機会に使える。一度に何十枚と作っておくが、朴葉みそを食べる地域では寒い時期になると、週に二〜三回はお膳にのぼるという。

このみそがあればご飯がおいしいので、何杯もお代わりし、「味噌菜三年つづけると身上がつぶれる」といわれたのもあながちオーバーではない。温かなご飯と朴葉みその相性は抜群なのである。

飛騨みそが辛口なので、朴葉みそというと辛いイメージがあるが、ふつうの麹みそで十分イケる。これに砂糖を少々加え、みりんで伸ばすようにねっておく。

朴葉は、焼いているうちに葉が焼けないようにさっと水に浸し、みそを葉の中ほどにのせて、好みの具を入れる。

●泡だってきたら具をまぜる

具は、薄くそぎ切りにしたトリ肉、マツタケを筆頭に秋の味覚を運ぶキノコたち、ネギ、シイタケ、ショウガ、ミョウガ、木の芽などの刻み野菜、ゴマ、削り節などを添える。

焼けてくると水分が出て泡だってくるから、軽くかきまぜて、熱いうちに食べる。

また、葉の両袖を折って楊枝で留めてから網焼きすると、蒸し焼きのような味わいになる。香りがたってきたら食べごろである。

香ばしさ抜群だから、これもわが家のみそを作るのがミソかもしれない。

海に遠い飛騨では、みそはかつて唯一のタンパク源。地元では朴葉みそを焼きみそとも呼ぶ

朴葉には防腐効果があるという。夏は青朴葉、冬は干し朴葉を使う

朴葉みそは、じんわり焼ける炭火に限る。みやげ用に飛騨コンロと朴葉とみそがセットで売られている

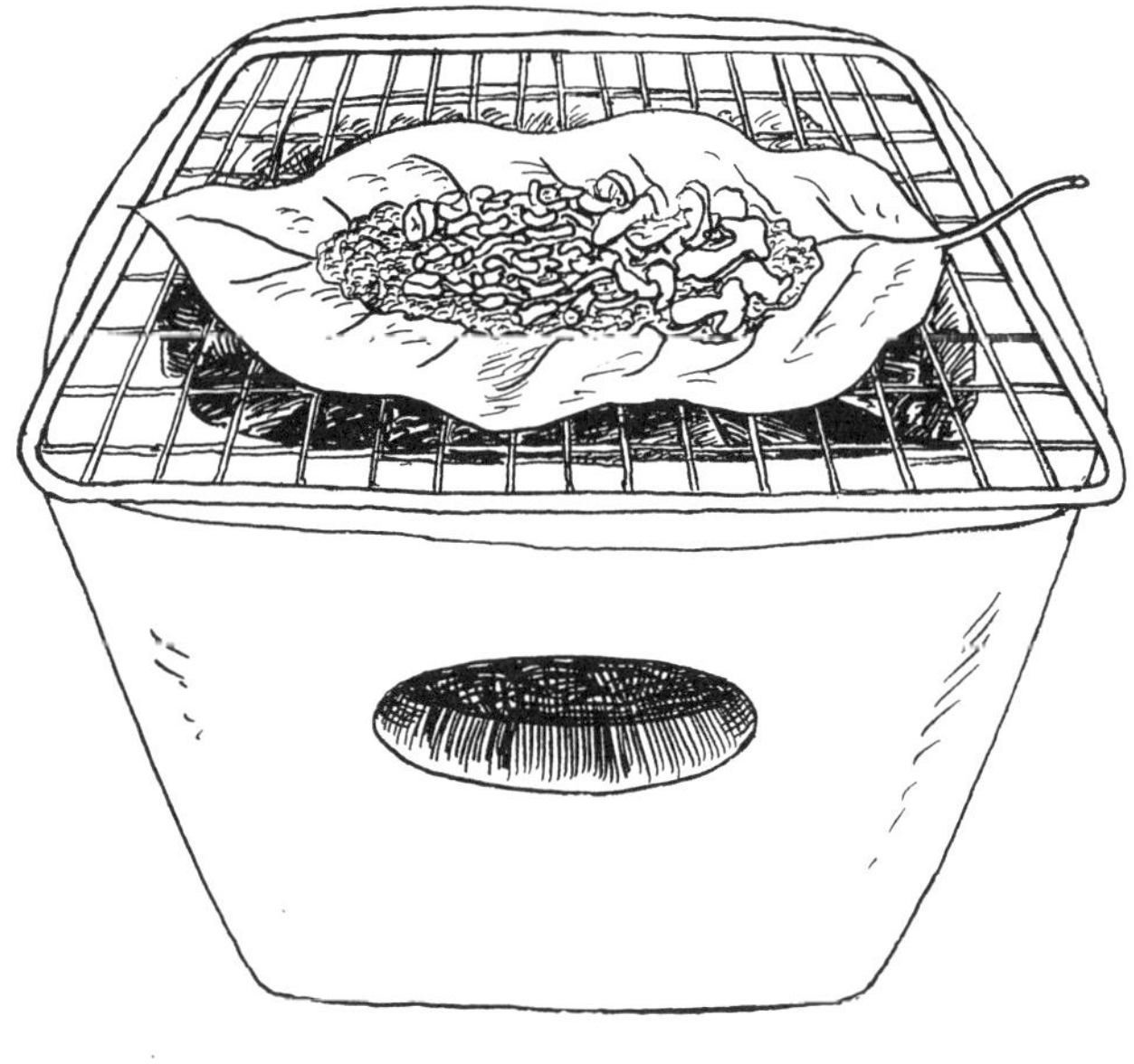

田楽の品格 炭火焼きは皮まで愛して

田楽は女性も大好きだ。カップルで注文してもたいてい頬張っているのは女性。スプーンで食べる上品さが受けるのだろうか。だが、女性の側では皮のきわのどのあたりまで食べようか、結構迷いながらスプーンを口に運んでいるそうだ。おいしければ皮まで愛して。それが炭火焼き田楽である。

●田楽は囲炉裏によく似合う

九州の阿蘇地方では、サトイモや豆腐を串に刺して囲炉裏のまわりに立て、みそだれを塗りながら焼く。イモの薄皮がピーンとはじけたら食べごろだ。このみそは辛いみそに黒砂糖や酒を加えてコクを出し、最後にサンショウなどの風味を添える。

コンニャクは一般にゆでたものにみそをのせるが、軽くあぶった田楽は格別美味である。

●田楽は正式には串に刺す

田楽《でんがく》は材料に串を打ったもの。昔、田楽法師が竹馬に乗って舞う姿や、サギの舞いなどに見立てて洒落て串打ちしたことから、その名がついたといわれている。

サトイモ、ナス、豆腐などでたっぷり楽しめる。

東京・神楽坂の「由多加」特製の田楽みそは、トリひき肉に酒を加えて一度炊き、そこにみそを入れて砂糖でねったものを使っている。一般にはナスの田楽だが、豆腐にも応用できるそうだ。

「トリ肉を入れずに、みそを伸ばしたものでもおいしいですよ。この場合、サンショウの実をつぶしてみそと合わせて塗ると、風流な味になります」と主人の古市健さん。

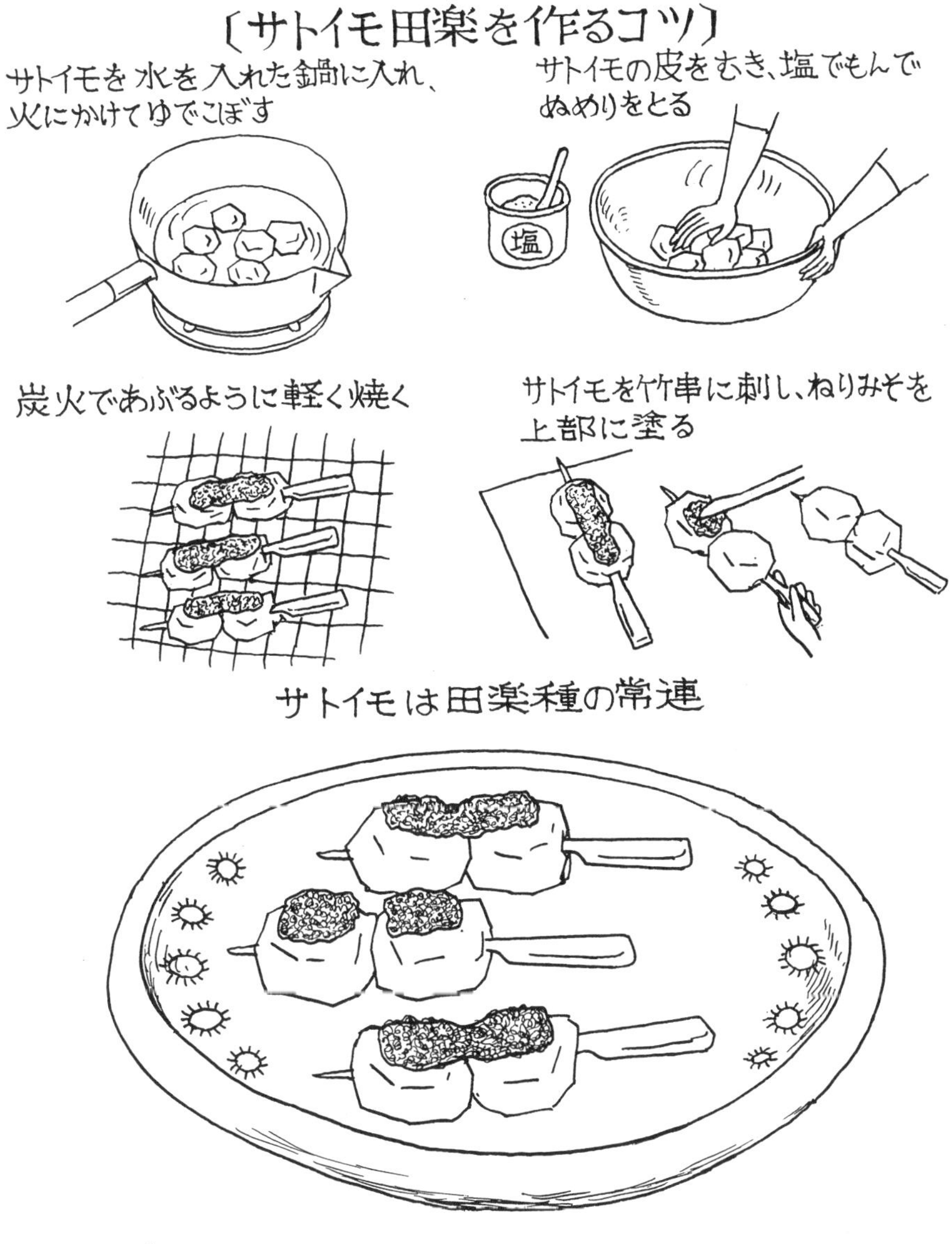
〔サトイモ田楽を作るコツ〕
サトイモを水を入れた鍋に入れ、火にかけてゆでこぼす
サトイモの皮をむき、塩でもんでぬめりをとる
塩
炭火であぶるように軽く焼く
サトイモを竹串に刺し、ねりみそを上部に塗る
サトイモは田楽種の常連

田楽の品格 オリジナル田楽みそいろいろ

●田楽みその作り方の基本

さて、田楽みそはなるべくならばわが家の味づくりをめざすのがよろしい。

田楽みその基本はみそに、酒、砂糖をまぜ、ダシ汁を加えながら弱火でねって作る。

ゴマみそはみそに白すりゴマ、砂糖、みりん、酒、ダシ汁などを入れればいい。ユズみそは白みそにみりん、ダシ汁を加えて弱火でねり、仕上げにユズ皮を加える。

いずれも弱火でねって作るが、みりんやダシ汁は好みで使う。基本線にそってみそのバリエーションを増やしていけばいい。

みそは、①赤みそ、白みそ、②甘辛、③米・麦・豆などの麹、合わせみそ、④こしみそ、粒みその違いなどで、いろいろに分類できる。

昔の農家はみそを自分の家で作ったものだった。だから、市販のメーカー品を買うのもいいが、地域で加工・販売しているオリジナルみそを味うのも一興。各地の特色が出ているので試す価値は十分ある。

●豆腐田楽を楽しむ

このほか、クルミみそ、サンショウみそ、ショウガみそ、ネギみそ、ニンニクみそ、からしみそなど。

豆腐の田楽におすすめのみそ。白みそに砂糖、ダシを加えてねったのち、卵黄を加えてねり、再びさっと火にかける。これをすったサンショウにまぜてサンショウみそを作る。

ホウレンソウなど緑の野菜をすりまぜるとほんのり緑色のみそになって味わいも純和風だ。豆腐を串に刺し、両面を炭火で焼いて、みそを塗って食べる。ウマ～イ。

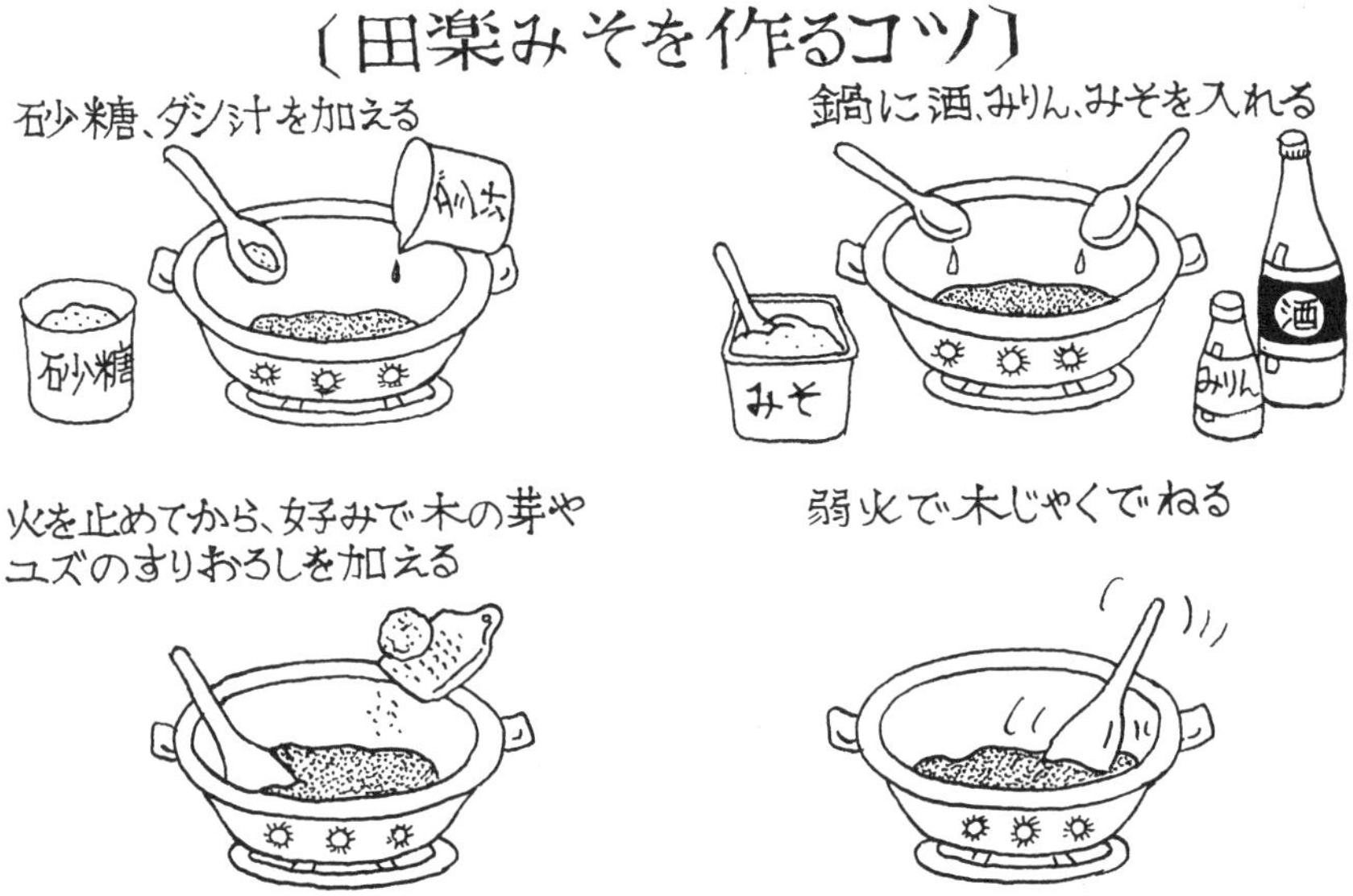
〔田楽みそを作るコツ〕
砂糖、ダシ汁を加える
砂糖
ダシ汁
鍋に酒、みりん、みそを入れる
みそ
酒
みりん
火を止めてから、好みで木の芽や
ユズのすりおろしを加える
弱火で木じゃくでねる

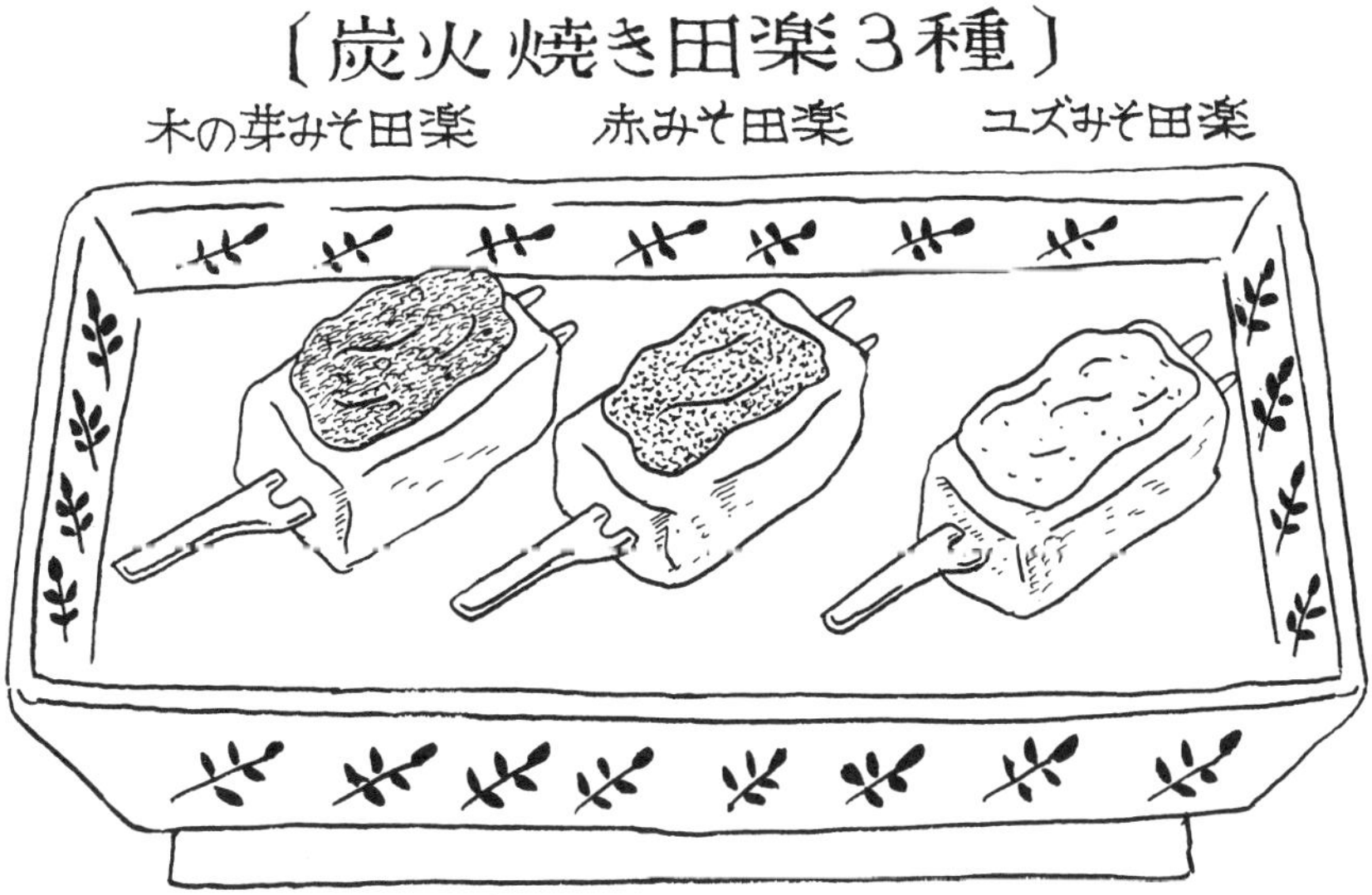
〔炭火焼き田楽3種〕
木の芽みそ田楽
赤みそ田楽
ユズみそ田楽

●田楽の品格 アツアツのナスの甲羅焼き

●切り目を入れ、油を塗るのがミソ

夏はナスがうまい。ナスは地方によって形も食べ方もいろいろだが、なんといっても夏はナスの直火焼きがおすすめ。

一般的にはナスにタテに切り目を入れておいて串が通るまで焼き、皮を全部むいて、ショウガじょうゆにオカカをかけて食べる。

これが日本の夏の代表的スタイル。

一方、個人プレーでは、秋田市のA家の甲羅焼きが特筆もの。大きな丸ナスを皮つきのままタテに切り、さいの目に切り目を入れて、油を全体に塗る。これを焼き網にのせて焼くのである。丸いから不安定、こんなときにはダイコンやキュウリの切りくずを添えて安定させて焼くといい。

中から水分がしみ出てきて音をたてて焼けてきたら、あらかじめサンショウみそをみりんか酒で伸ばしたものをナスの表面に塗りつけて焼く。

やわらかくなったかどうか、串を刺して確かめるのは日本全国共通だ。皿にとって熱いうちに食べる。このうまさは絶品である。

●サンショウみそはおふくろの味

さて、このナスのうまみを決定づけるのがサンショウみそ。A家によれば、サンショウを水洗いしてすり鉢ですり、地みそを加えてすりつぶす。これに黒砂糖、もち米の粉、酒、みりんを入れてやわらかく伸ばしていく。

みそをシソの葉にのせて包んで焼いたり、みそを丸めて両面を焼き、焼きノリで巻くと美味で、おやつにも好評とか。こんな「わが家の味」はうれしい。

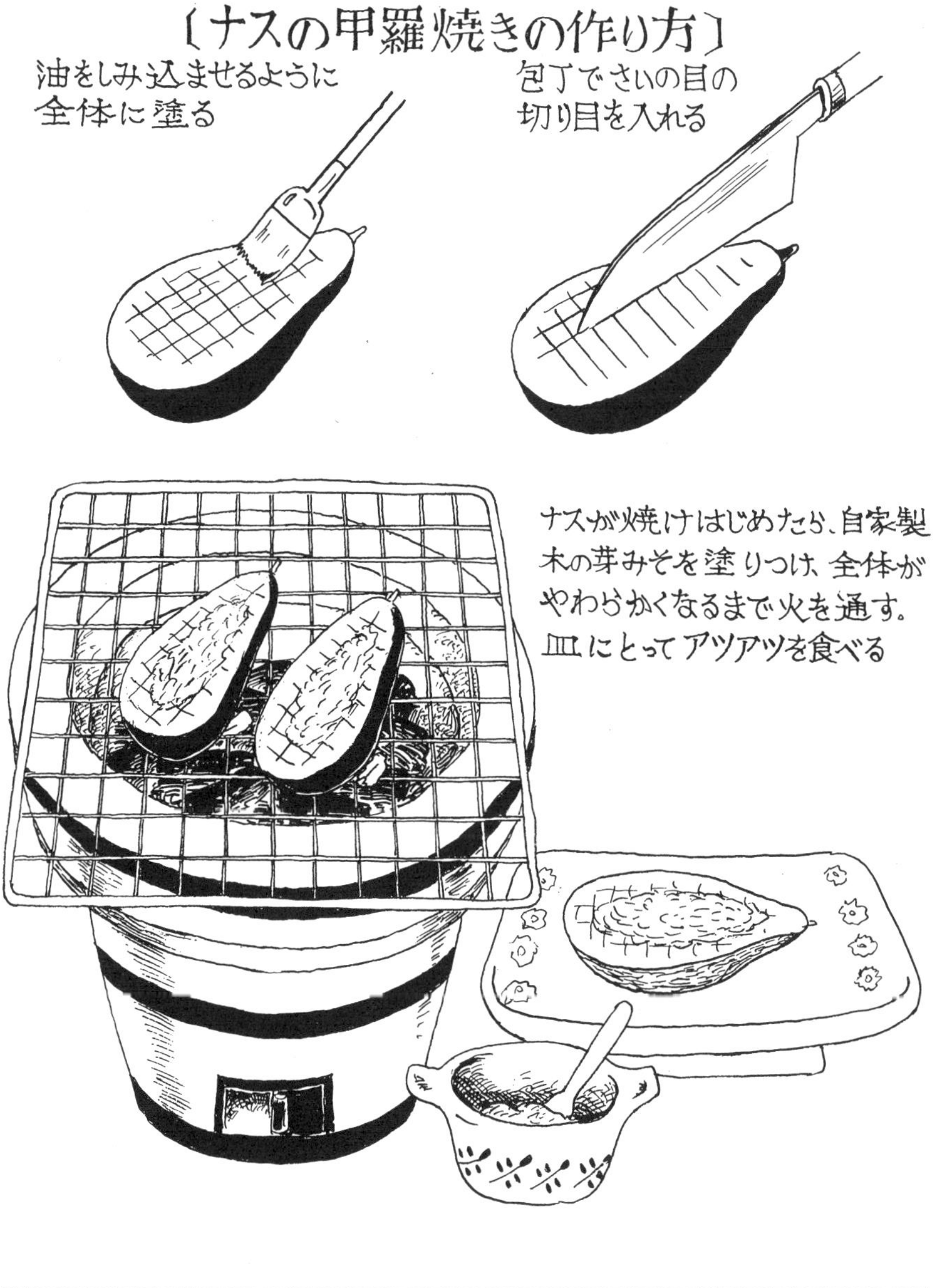
〔ナスの甲羅焼きの作り方〕
油をしみ込ませるように
全体に塗る
包丁でさいの目の
切り目を入れる
ナスが焼けはじめたら、自家製
木の芽みそを塗りつけ、全体が
やわらかくなるまで火を通す。
皿にとってアツアツを食べる

ホットサンドの酒落っ気 炭火でパンを焼こう

●トーストがうまければ何もいらない

炭火でパンを焼く、これが素朴でおいしいのなんのって。

材料は、トースト用パン、バケットパン、ライ麦パンなど。なんでもお好みでいいから、薄くスライスする。

パン好きはトーストに極まれり。まずは炭火でパンだけをこんがりと焼き、バターやジャムをたっぷりのせて食べる。こちらはシンプル派。

トーストに意外に合うのがフルーツのアボカドである。アボカドをつぶして塩、コショウ、レモン汁などを搾りかけ、ペースト状にしたものを塗ってもイケる味になる。

バターやからしバターを塗って、それに生野菜サラダやポテトサラダ、いり卵やゆで卵、タルタルステーキ、カツ類、チャーシューをはさんで食べる。

なんでも思いついたもの、残りものをのせてみればいい。

●はさんで焼くとアツアツ

次なる美味は、サンドイッチトースター(ホットサンドばさみ、バウルーともいう)を利用して、はさんで焼く。これはあらかじめ型をよく熱しておくのがコツである。

型の内側にバターを塗って、パンとパンの間に具を入れてはさんで焼く。具は、チーズとハム、マッシュポテトとコンビーフ、ツナとタマネギ、スクランブルエッグ、レタスにトマトなど。組み合わせの妙が新たな発見になる。三〜四分でOK。具も温かく食べられて炭火のうまさに感謝、感謝である。

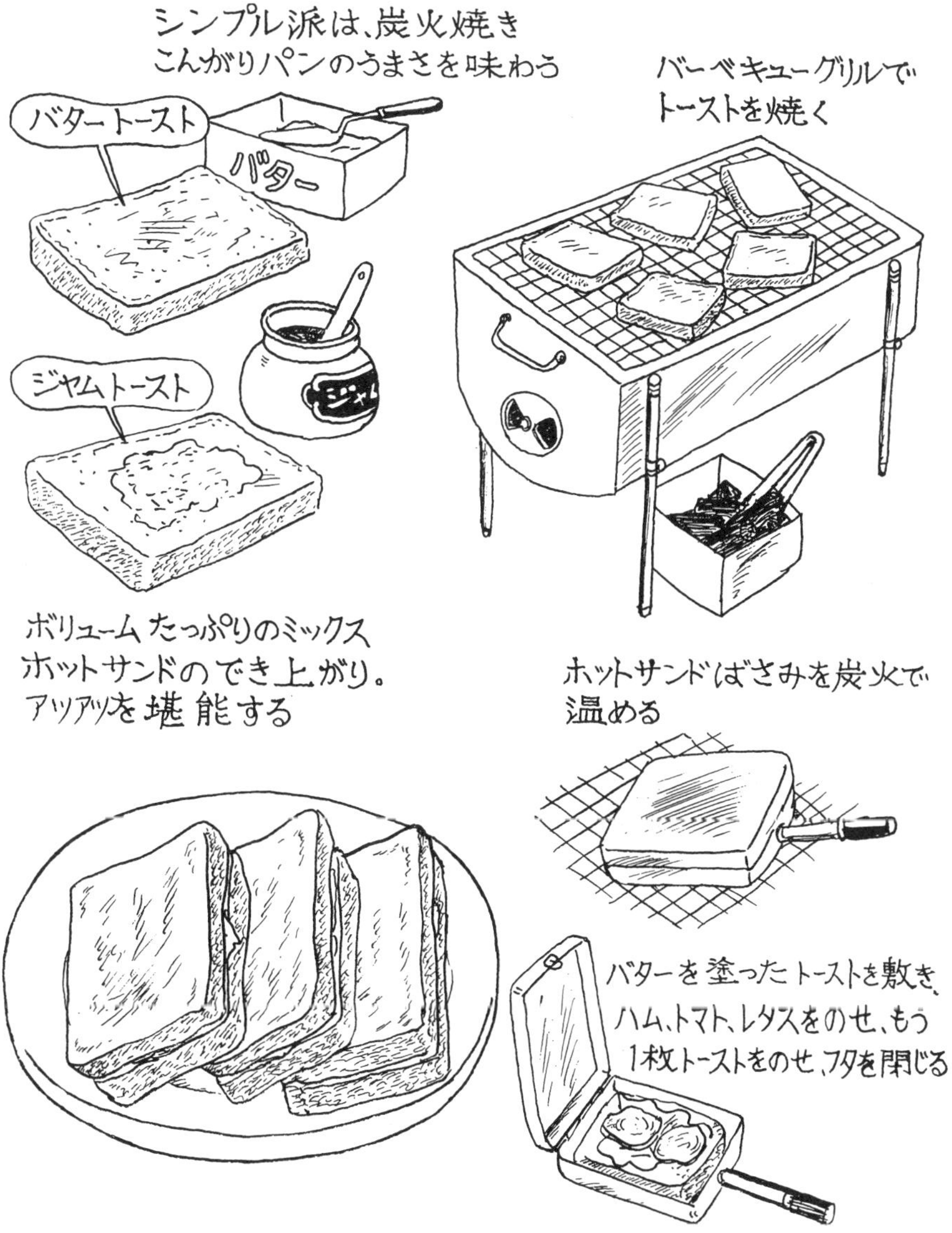
シンプル派は、炭火焼き
こんがりパンのうまさを味わう
バタートースト
バター
ジャムトースト
ジャム
バーベキューグリルで
トーストを焼く
ボリュームたっぷりのミックス
ホットサンドのでき上がり。
アツアツを堪能する
ホットサンドばさみを炭火で
温める
バターを塗ったトーストを敷き、
ハム、トマト、レタスをのせ、もう
1枚トーストをのせ、フタを閉じる

ホットサンドの洒落っ気　好みの具で会話もはずむ

●パンと具の取りそろえが楽しさに比例

仲間が多いときなどは、トッピングパーティーはいかがだろう。

とにかくパンと具をたくさん取りそろえておいて、自分で焼き網の上にのせてパンを焼き、お好みの具をのせて食べてもらう。これだけで会話がはずむことうけあいだ。

ブランチ時の集まりなどにおすすめ。お茶はコーヒー、紅茶、それにハーブティーがあれば十分である。

パンはカナッペの要領で食べるから、スライスして四分の一くらいにあらかじめ切っておけばいい。ただし、ホットサンドを焼きたい人もいるだろうから、トースト用のパンも用意しておく。人が集まれば十人十色、こだわってうんちくを述べる人が必ずいるから、フランスパン、胚芽パン、ライ麦パン、玄米パン、ブドウパンなどパン屋さんにある限りのパンをかき集めておきたい。

●手巻きずし風になんでものせる

さて、具は何にしようか。

とろけるチーズ、キャビア、スクランブルエッグ、ピーマンなど野菜のスライス、オイルサーディン、ハム、レバーペースト、アンチョビー、ポテトサラダ……そうそう、フルーツなどもリンゴ、洋ナシ、キウイ、イチゴ、バナナなどお好みでそろえておく。

具はピザ、オムレツなどを思い浮かべながら、あれもこれもとくふうしてみると楽しい。これも炭火で焼くこんがりパンのおいしさがあればこそ。炭火焼き手巻きずし風ホットサンドのお洒落な名称を募集中である。

〔いろいろな具で楽しむホットオープンサンド〕

木炭飯の知恵　炭でご飯のうまさアップ

●ご飯のうまさがひと味アップする

炭火は名コック。これはなにも直火焼きに限ったことではない。炭を入れてご飯を炊いてもとてもうまい。

炭は何ミクロンというパイプのような集合体で、広げると驚くほどの表面積になって、いろいろな悪い成分を吸着してくれる。そのうえ、炭のミネラル成分が水にとけ出すからとりわけうまいご飯が炊けるという原理だ。

米が輸入されて、大不評だったおり、料理の先生が木炭を入れると少しでもおいしく炊けると説明していたが、あれはほんとうのこと。昔ながらのすばらしい生活の知恵である。

「ただし、いい炭を使うことが条件ですよ」とは専門家の声。

当時は粗悪な炭まで売られたため、どす黒く炊き上がるなどのトラブルが出て、せっかくのいい習慣が定着せずに終わった。これはいかにも惜しい。

●備長炭炊飯法のコツ

炭は一〇cmくらいまでのものが最適。流水でよく洗って約一〇分間煮沸消毒することがポイント。それからザルにとって水をきる。

米をといだら、炭を炊飯器に入れて炊く。これだけでふっくら、いままでとは見違えるうまさのご飯が炊き上がる。嘘だと思わず、これだけは試してみてほしい。ご飯がなくなるまで炭を入れておくと、長時間保存のあのにおいもなぜかなくなる。

使用後は洗って水をきり、乾かして使う。炊飯用備長炭の販売店によれば、一週間に一度は煮沸消毒してほしいそうである。

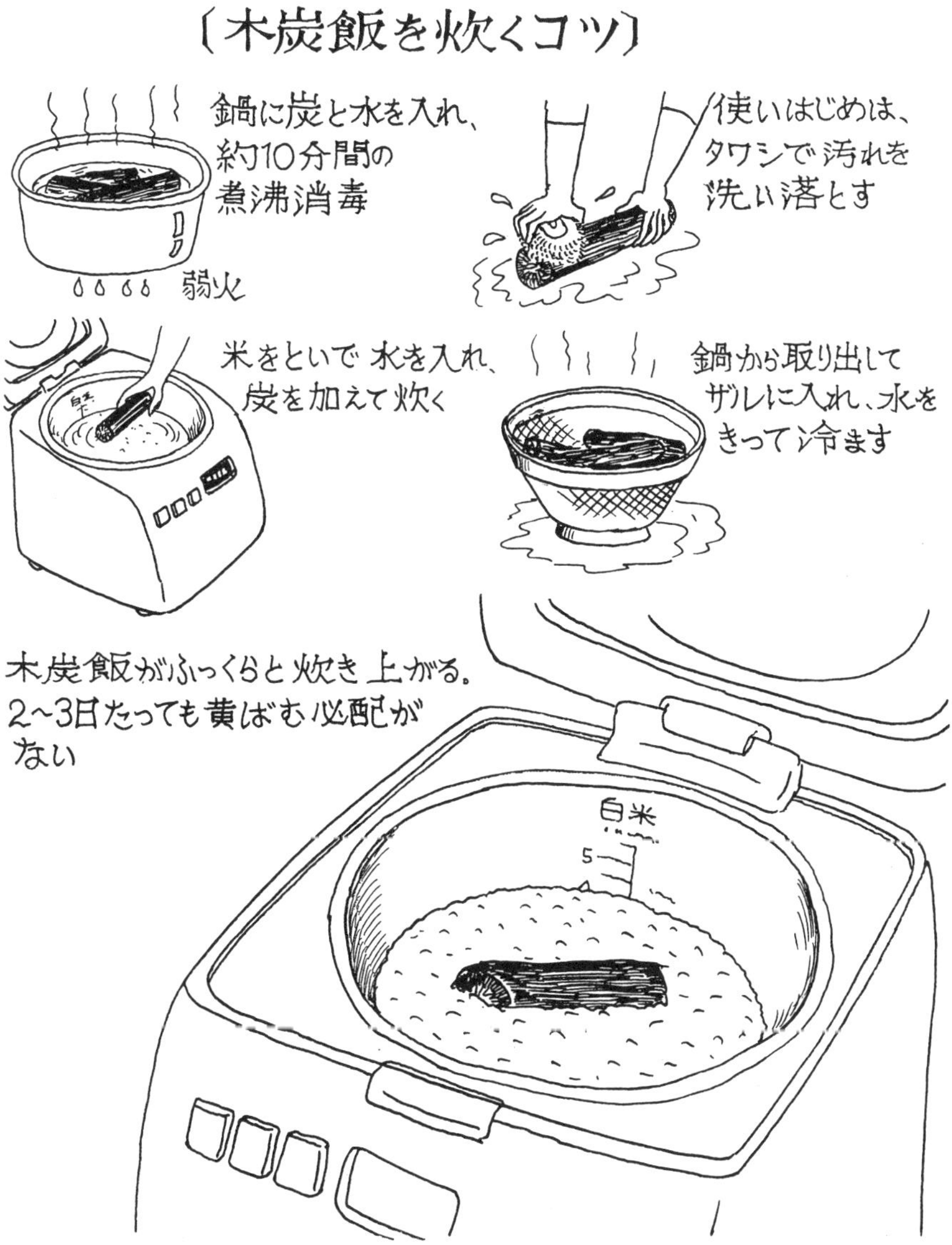
〔木炭飯を炊くコツ〕
鍋に炭と水を入れ、約10分間の煮沸消毒
弱火
使いはじめは、タワシで汚れを洗い落とす
米をといで水を入れ、炭を加えて炊く
鍋から取り出してザルに入れ、水をきって冷ます
木炭飯がふっくらと炊き上がる。2〜3日たっても黄ばむ心配がない
白米
5

◆コラム③ 炭火入門は火鉢の餅焼きで

清少納言の『枕草子』に、冬の風物詩として、寒い早朝、炭をおこして暖をとる様が次のように生き生きと表現されている。

「冬はつとめて。雪の降りたるはいふべきにもあらず。霜などのいと白く、又さらでもいと寒きに、火など急ぎおこして、炭もて渡るも、いとつきづきし。昼になりて、ぬるくゆるびもてゆけば、炭櫃、火桶の火も、白く灰がちになりぬるはわろし」

炭による暖房は石器時代から始まっていたというが、ここでの「櫃《ひつ》」は方形、「桶《おけ》」は丸形のものをさしている。これらがのちに火鉢と総称されるようになった。

火鉢だって？ 懐かしいなぁ。

思えば、なんと長い間、炭は私たちの生活を支えつづけてくれたことだろう。いまでこそ生活の洋風化で炭と決別してしまった人は多いけれど、それでも炭っていいなぁと心の奥で思いつづけている人は多いはず。

その証拠にいま火鉢が静かなブームになっているそうである。いま一度、火鉢で炭の感触を味わってみてはいかがだろうか。

火鉢とくれば、焼くのは餅である。

こんがり焼けたかと思うとプーッとおこったようにふくらんで、やがてプチンとはじける。まるで生きているかのように、炭火の上で伸び伸びとさまざまな表情を見せる餅たちを飽かず眺める。ふくらんだ最高潮のときに、それっと取って、何もつけずに口にほおばり、餅の味をかみしめる。

炭火の赤々と燃える様も心を落ち着かせてくれる。炭火を見つめながら、火箸でかきまぜたり、灰かきで灰をならしたりする。

見てをれば心たのしき炭火かな　日野草城

一句浮かんできそうな楽しさである。

IV

炭火の予習

炭を臨機応変に扱う

重宝な囲炉裏の炭火

●黒炭・白炭の種類、特徴、用途

●黒白炭合戦は、黒白がついている!?

炭は、樹木の種類、製法、用途などで多種多様だが、家庭用ならば黒炭、白炭の区別で覚えればいい。いわば「黒白炭合戦」。それぞれの炭の持ち味を使い分けよう。

黒炭は、炭焼き窯《がま》に原木を入れて温度五〇〇～六〇〇℃で真っ赤になったとき、入り口と煙突をふさいで作る。すると、両方の通気孔から空気が入らなくなるので、火が消えて蒸し焼き状態になる。火がつきやすく、火力が強いが、すぐ燃え尽きることが特徴。

最高品質のクヌギは茶道に多く用いられていて、冬は炉が暖房を兼ねるため太くて長い炭、夏は風炉用に短くて細い炭とこまかに使い分けられている。

多いのは日本全国に分布するナラ、クリ、マツなど。野外バーベキュー、あるいはサンマを焼くときなどでは、これらの炭で十分である。

マツは消し炭のようになるので、刀鍛冶や鋳物にもよく用いられた。

●かの有名な備長炭は白炭

一方の白炭。これは炭を焼いて炭化したころを見計らって、大量の空気を中に入れる。すると炭材に火がつき、一〇〇〇℃以上になって真っ赤になったところで、炭を窯から出して、灰をかけて消したものである。

火がつきにくいが、いったん火がつくと長もちし、火力の調整がしやすい。たたくとキンコンと金属的な音がする。備長炭《びんちょうたん》は、この白炭の最高級品で、料理人からこよなく愛されつづけている。

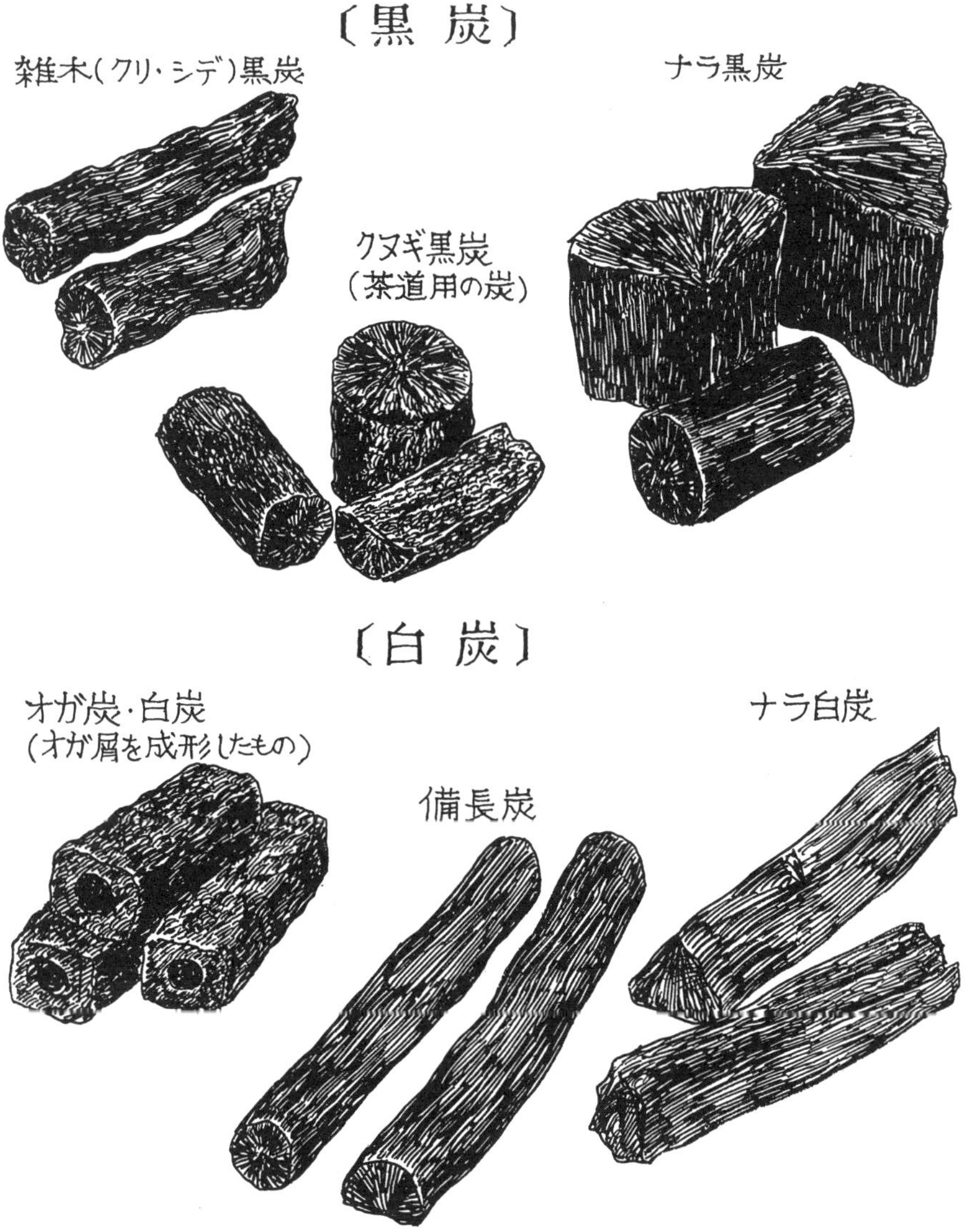
〔黒炭〕
雑木(クリ・シデ)黒炭
ナラ黒炭
クヌギ黒炭
(茶道用の炭)
〔白炭〕
オガ炭・白炭
(オガ屑を成形したもの)
備長炭
ナラ白炭

●備長炭は世界に誇る良質堅炭

●名の由来は備中屋長左衛門

最近はウナギや焼き鳥の店先に誇らしげに「紀州備長炭使用店」と掲げられているのを見るが、それだけで「うちのはうまいよ」とアピールしているようである。

日本農林規格によれば、備長炭はカシを原料とした白炭（三浦式硬度一五度以上）をさす。しかし、ウバメガシを用いた紀州産だけを限定する向きもある。白炭は平安時代、遣唐使として渡った弘法大師空海が技術を持ち帰って伝えたといわれている。

その中の最優秀作品である備長炭は、江戸時代の元禄年間に紀州田辺藩城下（和歌山県田辺市）で炭問屋の備中屋長左衛門が売り出したことから、この名がついたという。

だが、カシは紀州より南でとれるので、今日では各地で焼いたものも備長炭と呼ばれることが多い。紀州と並び、土佐備長炭（ウバメガシ）、日向《ひゅうが》備長炭（カシ）が業務用での人気が高い。

●備長炭のすぐれた特徴

関東一円の料理店二〇〇〇軒に備長炭を納入している㈱佐藤燃料の佐藤光男会長は、「ウバメガシは硬度二〇度。世界に誇る良質堅炭材」と話す。

このため、ウバメガシで作る備長炭には、①火もちがいい、②硫黄の成分が少ないからにおわない、③水分が一〇%前後と少ないため、燃焼ガス中に水気が少なくカラリと焼ける、④遠赤外線が多いので、熱が中まで通って、うまみ成分を逃がさない、などのすぐれた特徴がある。

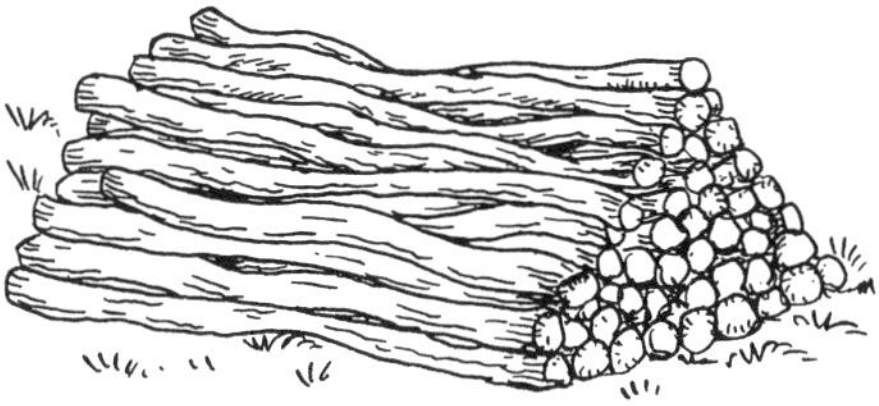
材質が緻密で、硬度が高い

備長炭の原木は、ウバメガシ

窯出しの開始

備長炭いろいろ

●輸入炭・竹炭・枝炭の特徴、用途

●炭は用途に応じて求める

木を焼けば、割り箸だって炭になるが、よくしたもので、いい炭は炭以外には使えない材質のものが多い。

悪い炭は、まだ炭になりきっていない未炭化な状態で、においが出る、煙が出る、火力が少ないと三拍子そろっている。また、建築資材として活躍する木などは炭には向かない。

焼き物、煮物などの料理に使う場合には黒炭、白炭、どちらの場合でも良質の炭を用いることがたいせつ。よく品質を見分けてほしい。というのもディスカウントストア、アウトドア用品売場などで売られているレジャー用の安い炭には、マングローブを原材にした輸入炭が使われていることがあるからだ。

炭はレジャー用か家庭用か、用途に応じて求めるようにしたい。

安い備長炭は中国産が多く、国産備長炭の供給不足を補っている。

●竹資源を活用した竹炭の人気急上昇

このほか、近年、脚光を浴びているのが竹炭。竹箸産地として知られる福井県小浜市では、竹炭生産組合が中心になって竹箸の廃材を利用した竹炭生産に成功。これを地元の箸匠せいわが「竹炭の力」の商品名で製品化し、売り上げを伸ばしている。

あと、炭とはいえないが、石炭の粉を固めたチャコールブリックスなどもバーベキューなどでは燃料として使える。

また、コーヒーの豆を燃料にしたハイカロ炭やハイテク技術を活用した炭なども登場している。なお、枝炭は茶道用である。

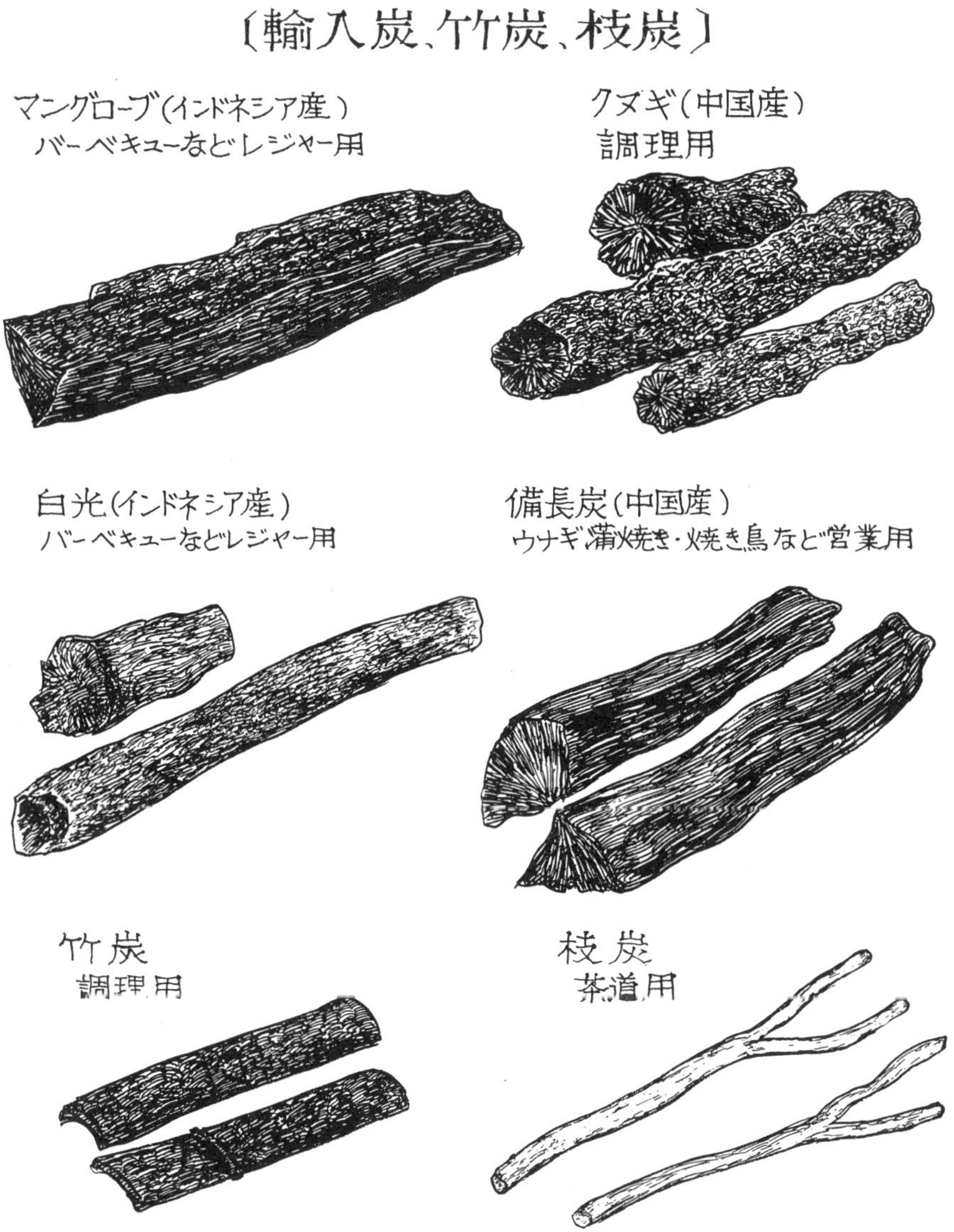
〔輸入炭、竹炭、枝炭〕
マングローブ(インドネシア産)
バーベキューなどレジャー用
クヌギ(中国産)
調理用
白光(インドネシア産)
バーベキューなどレジャー用
備長炭(中国産)
ウナギ蒲焼き・焼き鳥など営業用
竹炭
調理用
枝炭
茶道用

●家庭用、レジャー用の市販炭

●専門店は品ぞろえが豊富

さて、炭の入手先はアウトドア用品売り場が手近だが、炭専門店を利用すれば一kg、二kg、三kg入りなどの小箱から、一〇kg、一五kg入りの大箱まで豊富にそろえられているので便利。

種類も太さもさまざまだが、備長炭の最高級品は直径三cm前後の上小丸とされている。また、割り木を焼いたものは半丸と呼ばれ、丸よりはランク落ちになる。四人家族で一回分の料理で二kgの炭が目安だ。

●各製造元、販売元の料理用炭を利用

東京都大田区の㈱増田屋では、料理用の備長炭一kg入りと、料理だけでなく炊飯用や浄水器代わりなどに使える二〇〇g入りを発売している。

三重県尾鷲《おわせ》市の㈱紀州ひのき屋では、着火が早く、火力が強く、始末が簡単なヒノキの炭を、「紀州ひのき炭は調味料」のキャッチフレーズをつけ、八〇〇g入りのものを販売している。

日向備長炭製造発売元の宮崎県延岡《のべおか》市の日高勝三郎商店では、カシが火つきがよくないことから、バーベキュー用には黒炭と白炭一級品のバラをまぜた「小荒」四kgをすすめている。

また、ちょっと高級にというならば、「かし一級」四kg入りがおすすめだそうだ。

北海道札幌市の北洋煉炭販売㈱では、海水浴・焼肉・キャンプのレジャー用に一kg、一・五kg、三kg、六kg入りなどを用意している。やはり専門店おすすめのものは心強い。

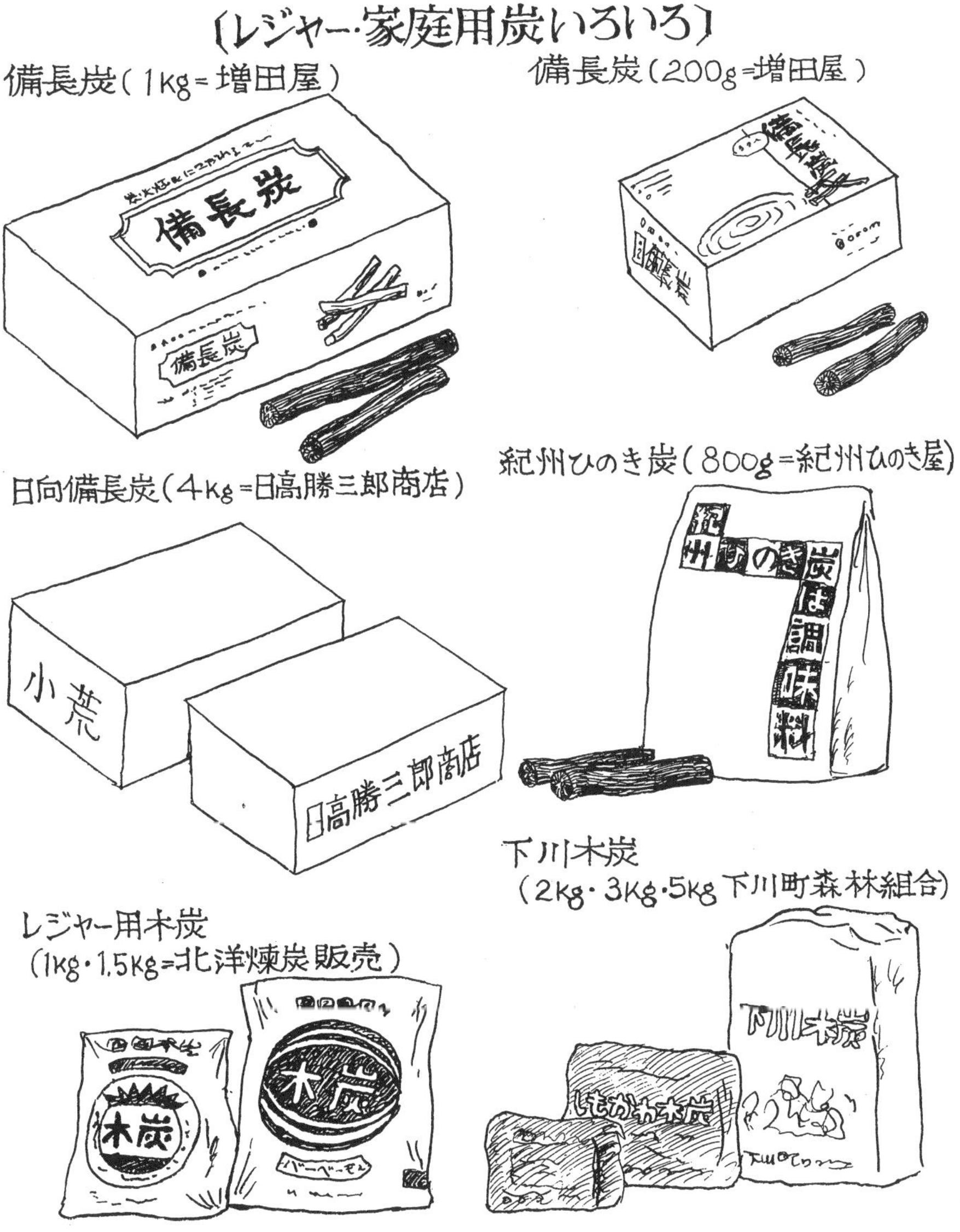
〔レジャー・家庭用炭いろいろ〕
備長炭（1kg＝増田屋）
備長炭
備長炭
備長炭（200g＝増田屋）
日向備長炭（4kg＝日高勝三郎商店）
小荒
日高勝三郎商店
紀州ひのき炭（800g＝紀州ひのき屋）
紀州ひのき炭は調味料
下川木炭
（2kg・3kg・5kg下川町森林組合）
下川木炭
しもかわ木炭
レジャー用木炭
（1kg・1.5kg＝北洋煉炭販売）
木炭
木炭
バーベーキュ

●七輪は一家に一個の必需品

●七輪は庶民のつよ〜い味方

昔懐かしいコンロ、七輪。

昔、七輪の中に入るだけの炭の量が七厘のお金で買えたから七輪（七厘）と呼ばれるそうである。七輪は上にラッパ状になっているのが、いろいろな料理に都合がよい。どんな炭でも七輪だと見事に火がおこる。

火力が強く、焼き物、煮物どんな料理にも万能選手。そして、七輪は庶民の味方である。魚の煙を出して隣近所に片身の狭い思いをすることがあっても、地震の被害でガスも電気も通じないというような炊き出し風景で力強く活躍しているのは七輪である。備えあれば憂いなし。一家に一個の七輪を。

炭屋さんでも「家庭では小さめの七輪が扱いやすい」という人と、「サンマが一匹焼ける大きい七輪がいいでしょう」と推奨サイズは二派に分かれる。小は二三cmから、大は三〇cmくらいまで大中小がある。

●珪藻土一〇〇%のものも登場

奈良県大淀町の奈良炭化工業㈱でも大中小の三タイプの七輪を製造しているが、「大は小を兼ねる」ので、注文のほとんどは大サイズの七輪とのこと。七輪はふつう粘土をまぜて作るが、この七輪は能登の珪藻土《けいそうど》一〇〇%でできているため、軽くて、壊れにくいという特徴を持っている。

このほか、七輪はミツウロコ、マルマンなど定評あるメーカーによって木炭コンロ、黄金コンロ、風情コンロなどの名称で売られている。炭火料理の何たるか。初心者からプロまで納得させてくれるのは七輪をおいてない。

〔七輪いろいろ〕

大型七輪(奈良炭化工業)

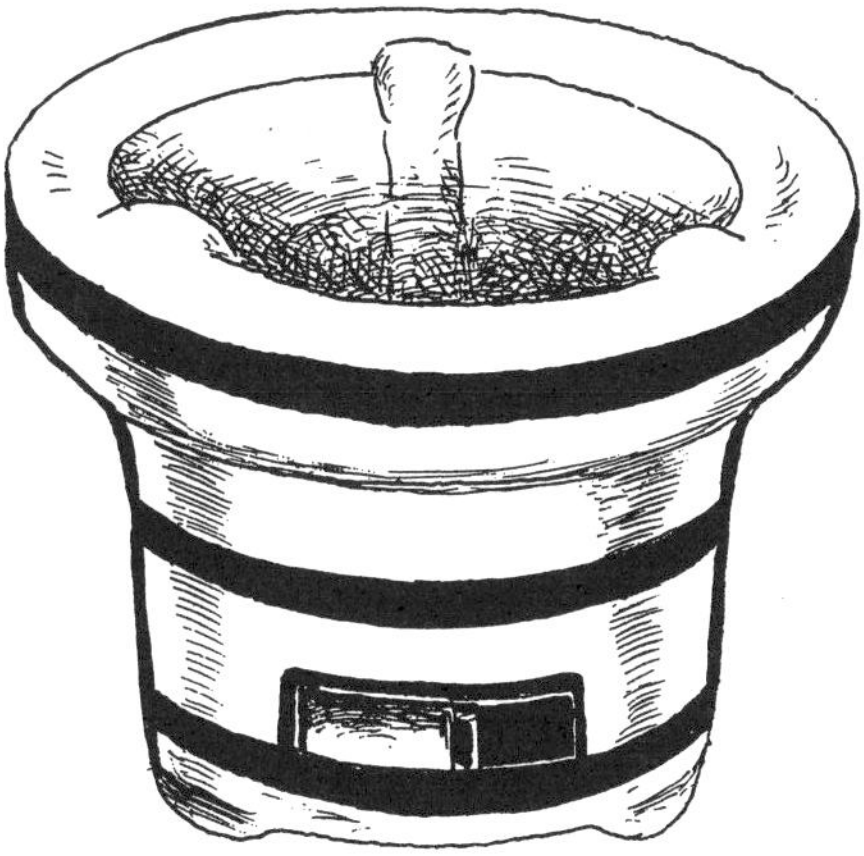

小型七輪(ミツウロコ)

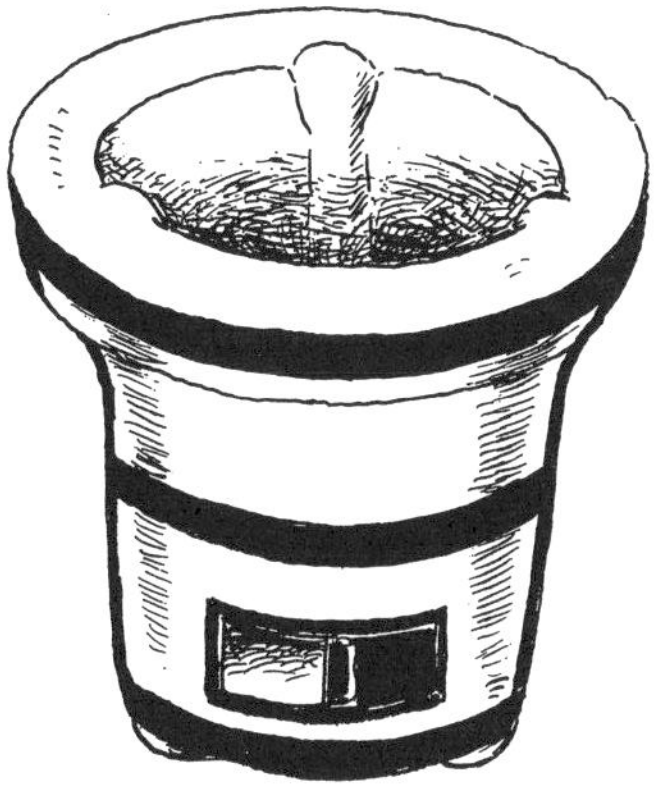

卓上七輪(マルマン)

卓上七輪(キンカ)

●飛騨コンロと卓上コンロの特徴

●形のよさが好まれる飛騨コンロ

風流という点では「飛騨コンロ」が一番であろう。

岐阜県の飛騨地方では昔から朴葉みそなどを焼くときに用いていたが、よく温泉旅館などでミニステーキや小さな鍋物を出してくれるミニコンロである。とっくりを傾けながらの風情によく合う。

一五cm角、一八cm角、二一cm角などがあり、卓上サイズとして形のよさが好まれている。

飛騨コンロの上に、網をのせて上質の霜降り肉を焼く、あるいはマツタケなど季節のキノコ類を焼く。少量だけれども値が張るものなどは、こうした趣味的コンロで味わうのも楽しい。

七輪などに比べると実用的とはいえないが、が、卓上で気軽に使える点をかいたい。

飛騨コンロの場合、備長炭がときたま途中で立ち消えすることがあるので、要注意である。よく火をおこしておいたものを使うようにしたい。

●洒落た卓上コンロがお目見え

高級感のあるものでは、㈱キンカ（愛知県碧南市《へきなん》）が三河の陶器を用いてシックな外観で、茶色と黒色二種類の三河コンロを販売している。

七輪を卓上にのせるときは熱くなるので下置きが必要だが、このコンロは下置きも焼き板杉台や黒台などで洒落ている。

また、雲久の商号の田中製陶（滋賀県信楽《しがらき》町）では、信楽焼の卓上コンロを製造・販売している。

飛騨コンロ

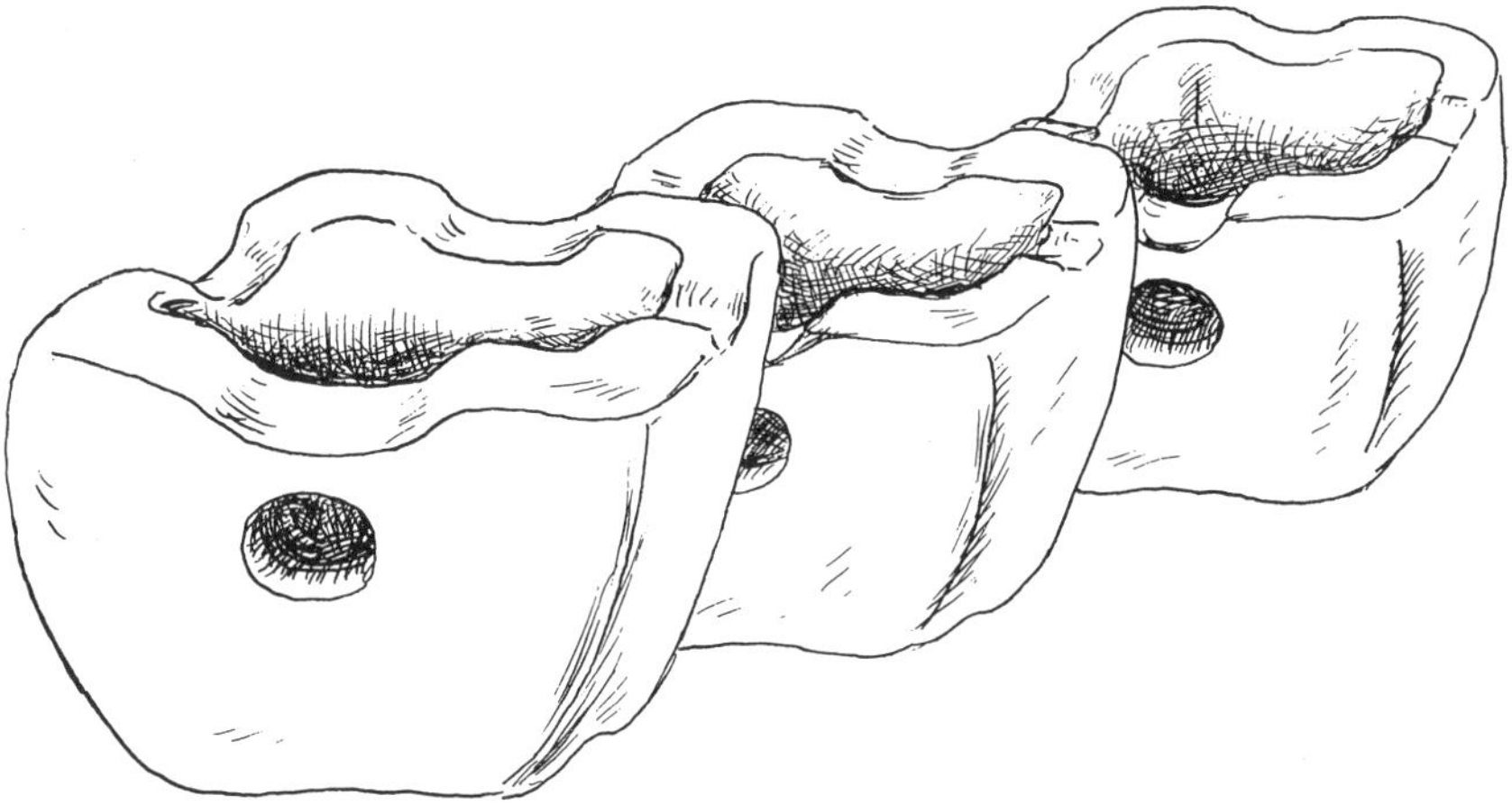

信楽焼コンロ(田中製陶)

三河コンロ(キンカ)

●バーベキューコンロの種類、特徴

●大人数にはバーベキューコンロ

一家族分、せいぜい仲間が来てドンチャカというときに便利なのが、バーベキューコンロである。

バーベキューコンロは四角い横長タイプで、空気穴が二つついていて、そこから灰をかき出すことができるのが一般的。横三七cmぐらいの網があれば、焼き鳥がゆうに五本（詰めれば六本）はのる。これに焼き網、火ばさみ、ステンレス火皿が二枚ついている。

ワイドなサイズで横四〇cmというのも㈱キンカから発売されている。大は小を兼ねるから、しまっておけるスペースがあれば、横幅が広いセットを買っておくといいだろう。また、口が広い丸型サイズもある。

簡単な方法では七輪に無煙プレートをのせて焼くという手もある。

●一〜二人用のミニコンロも登場

奈良炭化工業㈱が扱うバーベキューコンロはポーラセラミックス素材で、一〜二人用の横幅二六cmから、八〜一五人用の横幅九三cmまで六タイプくらいある。

大人数用は主に業務用に使われているが、一〜二人用のものは赤系と青系の千代紙が貼られていて、見た目もかわいらしく作られている。

「和紙は変色しないし、丈夫」とのことで、卓上においても見た目もお洒落である。

女性仲間や新婚さんなどにおすすめ。

レジャー用では川原で焚き火し、石や網を利用することが多いようだが、バーベキューコンロが一台あるとなにかと便利である。

〔バーベキューコンロいろいろ〕

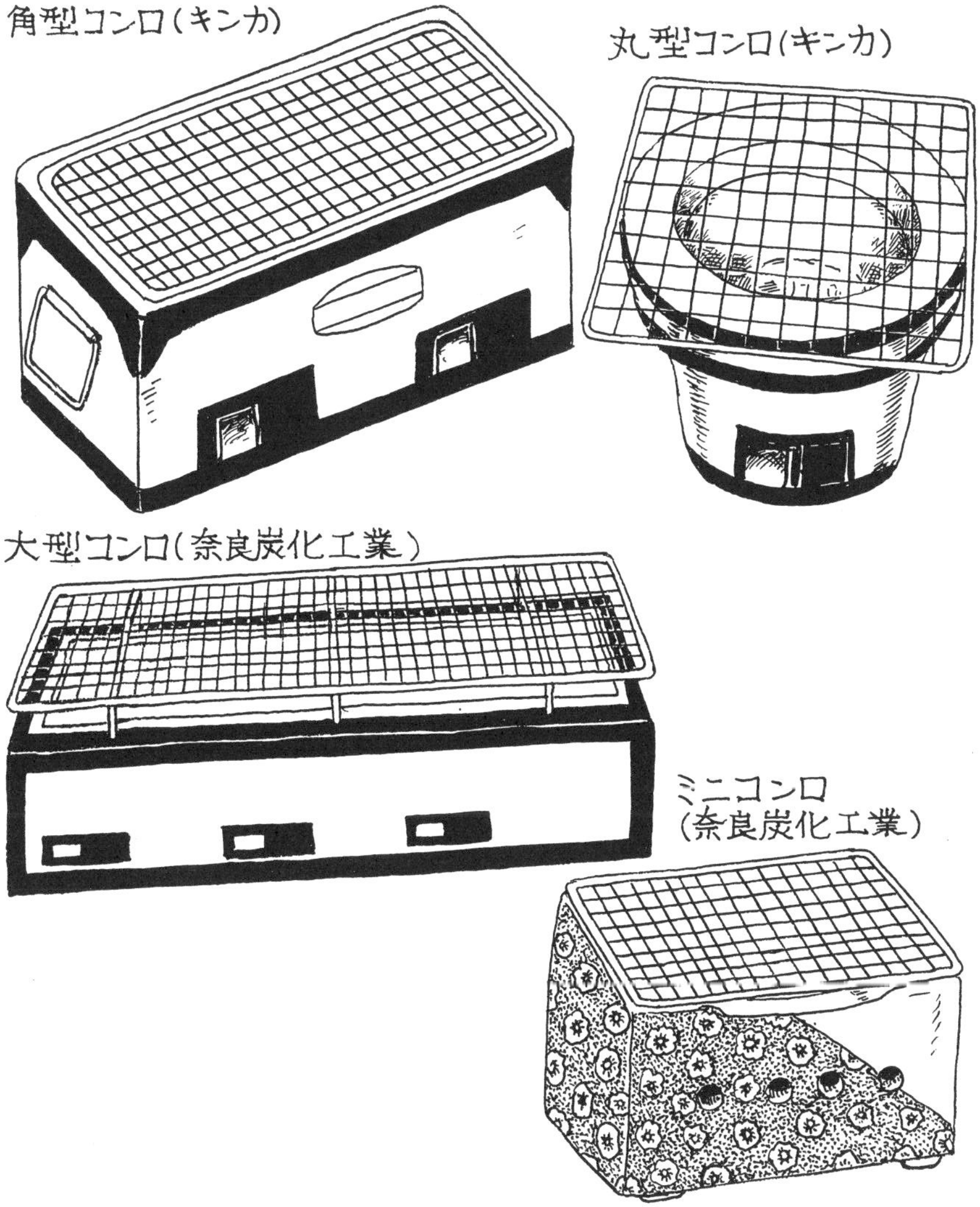

●炉端コンロは串・網焼き兼用

●便利な炉端焼き風コンロ

ちょいと一杯ひっかけて、炉端焼きの雰囲気が味わえる。その名も串焼きコンロ「ろばた」。いまはこんなナイスな商品も㈱キンカからお目見えしている。

縁日のとき、フラフラとアユ焼きのところに近づいていく習性がある人には絶対におすすめのコンロである。

串焼き炉端用コンロは、陶器製の本体に串焼き用の穴があいているから、魚を炉端焼きのように串に刺して穴から通せばいいだけ。

大は幅四二cm、これに金串一四本、火ばさみ、着火剤、炭一回分つき。小は幅三六cmで金串八本と火ばさみがついている。

値はふつうのコンロより少々張るが、この値段でこれだけの雰囲気が味わえるならば御の字である。

このコンロは魚から出る油は串を伝ってコンロの底に流れ込む設計なので、煙もほとんど出ない。バーベキューにも利用できる。

●熱効率がよくて衛生的

均一に火が当たり、水分の蒸発がよければ魚はうまく焼ける。さらに、説明書によれば、①遠赤外線効果でおいしさは格別、②魚類などの皮の表面をいためず、形を崩さない焼き上がり、③本器（三河焼）の底に水を入れ、さらにホウロウ引きの受け皿で断熱するのでテーブルや床を焦がさない、④珪藻土を使用しているので熱効率が高い、とのこと。

正統派七輪を購入したあとには、こうした変わりコンロはいかが。魚好きは最初からこれでもいいかもしれない。

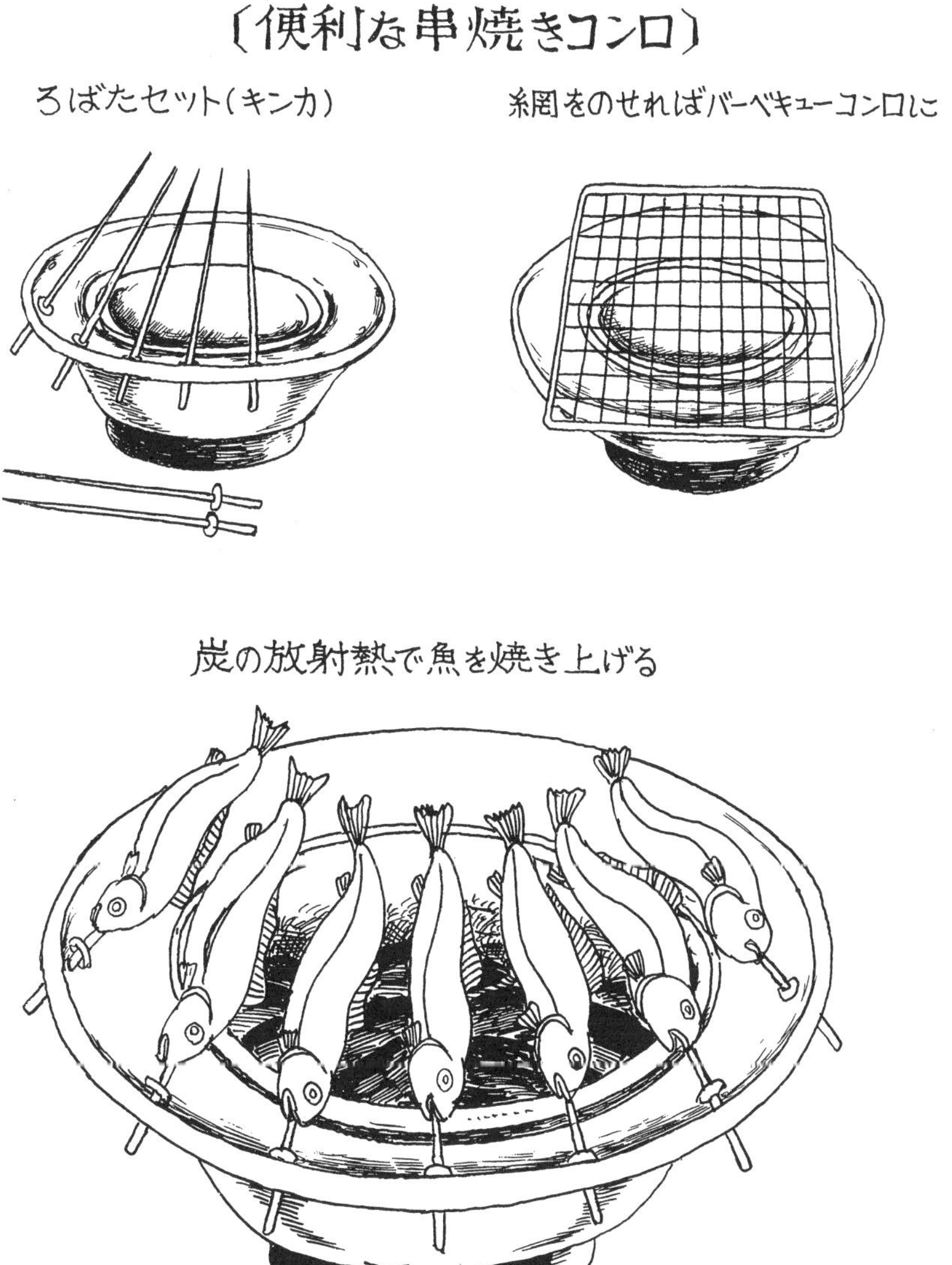
〔便利な串焼きコンロ〕
ろばたセット(キンカ)
網をのせればバーベキューコンロに
炭の放射熱で魚を焼き上げる

●セットコンロはレジャーに便利

●あらゆるアウトドアシーンでOK

セットものにはおもしろい商品がある。

下川木炭で知られる北海道下川町森林組合が考案したのが「ふるさとコンロ」。カラマツ木炭、網、火ばさみ、薪《たきぎ》がセットになっている。コンロはブリキ製、中は底が高くなっていて、着火材としての割り箸とカバの皮で炭をおこす。木炭は「着火が早くて、ほどよい燃焼時間、火の始末も簡単なのでレジャー用には最適」な二kg。五～六人で二回、延べ四～五時間燃焼する。

もう一つは「炭CAN」。この缶ひとつに必要なものがそろっている。缶のフタをあけて、中のものを取り出し、金網をセットする。通風孔のテープを取れば準備オーライで、炭は五〇〇g入り。災害対策用にも最適と同組合ではPRしている。

●シンプルで使いやすい「スミコン」

一方、静岡県松崎町の松崎町森林組合は、「スミコン」を販売している。ブリキ缶に木炭二kg入り二箱、火ばさみなどがセットされていて、十年来のロングセラーだ。

缶の上から一〇cmほどのところに中空で金網を吊るす。炭は四～五人で四回はゆうに使える量で、カシやコナラなどの黒炭が伊豆炭としてセットされている。

「見た目はシンプルですが、缶の高さが三五cmあり、使い勝手がいいと好評です。缶が四角いので、丸い鍋をのせると安定感があって煮物などにもいいんですよ」と、斉藤公志郎さん。外形が崩れたり、さびてきたら換えどきだが、かなり丈夫だそうだ。

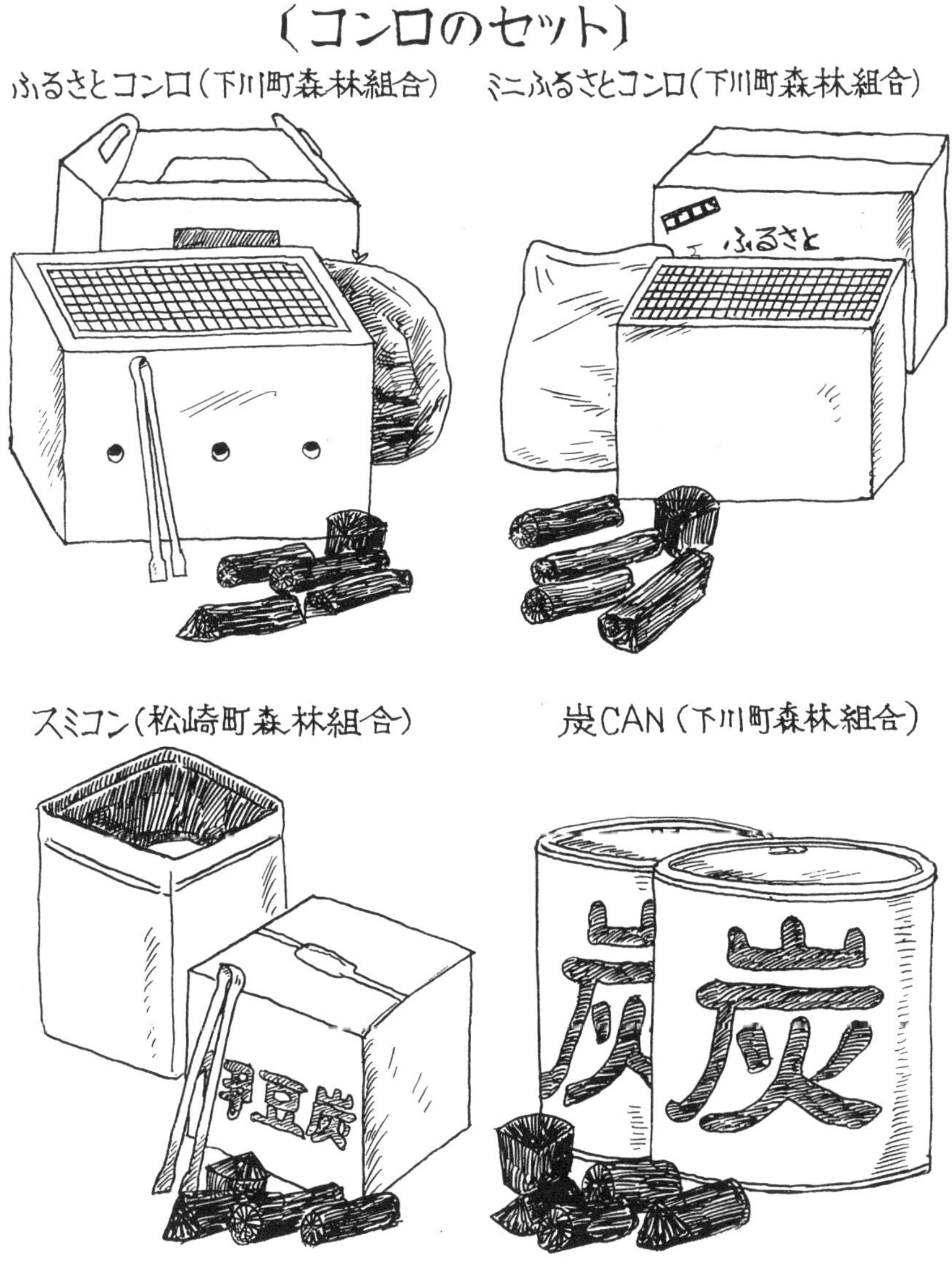
〔コンロのセット〕
ふるさとコンロ（下川町森林組合）
ミニふるさとコンロ（下川町森林組合）
ふるさと
スミコン（松崎町森林組合）
伊豆炭
炭CAN（下川町森林組合）
炭
炭

●火おこし・火だね・着火剤を用意

七輪などでは火が十分におきていないと、火力があがってこないので、炭焼き料理はむずかしくなる。たね火に炭を補充しながら、赤々と火おこしをしてから料理にかかると使い勝手がいい。

●野外では紙に火をつけて火をおこす

レジャー用など河川敷などで行う火おこしは、七輪を風上のほうに向けて小窓をあけ、新聞紙をぎゅっと丸めたものをいくつか作って火をつけ、その上にやわらかい軽い材質の炭をのせる。新聞紙は段ボールなどでもいい。火をつけて炭をのせて火をおこす。

着火用にはマッチやライターのほか、着火マッチや着火剤も市販されている。

白炭はなかなか火がつかないから、風などがある戸外では黒炭のほうが適している。

●ガスで火おこしをすると便利

炭火料理の必需品、炭火コンロ、炭ばさみ、火おこし、それに炭をそろえたら、さっそく火をおこしてみよう。

いまはスイッチを押せばお風呂もわいてしまう世の中だが、炭火の場合もガスのおかげで簡単に火がおこせるようになっている。

それは火おこしを使う方法である。火おこしは火だねの大小によって違ってくるが、一般的なコンロの火だねであれば黒炭は一〇〇gくらい、白炭だと火がつきにくいので一四〇〜一五〇gを目安にするといいだろう。

火おこしをガスにかけて火をおこし、それを七輪に入れる。このときに、火おこしだけでは下に火が落ちるから、火おこしを重ねられる十能があると便利である。

料理用バーナーで火をおこす

クヌギの黒炭は火つきがよい

バーナーの熱が炭に効果的に伝わる

火おこし器

着火剤で火をおこす

着火剤

●火加減をウチワ一本で調節する

●火力は七輪の小窓の開閉で

炭火はウチワ一本で火の調節ができるから便利といわれるが、便利さではガスや電気にはかなわない。しかし、渋ウチワを持ってパタパタあおいでいると、ウナギや焼き鳥など、いわばプロの調理人の気分になってくるから不思議だ。

とはいえ、料理に最適な七輪を用いて火の調節をしてみよう。

七輪は下方に空気のとり入れ口の小窓があるから、炭をコンロに移して火がおきるまではスライドを全開させておき、小窓からウチワであおぐ。火が完全におきたら、小窓の口を調整しながら調理すればいい。口をあけて空気が入ると火力が強まるし、逆に閉めることにより火力が落ちる。

火力を強くするには上からパタパタとあおいでもいい。ウナギ屋さんや焼き鳥屋さんでウチワをあおぐのは、脂が落ちたときに立ち昇る煙を逃がす役割もある。

●備長炭は熱効率もいい

備長炭の場合、ウチワであおぐと七〇〇～八〇〇℃に温度が上がり、やめると灰をかぶって四〇〇℃くらいになる。

灰をウチワであおいで取り除くことによって火力が強くなるが、いったん料理をやめ、再び料理をするまではたね火にしたいというときには灰をかけてしまう。

灰のかかった状態では料理はできないが、トロ火になった余熱でお湯をわかすなど、炭火の機微を知って賢く使うのが、炭火クッキングの達人になる近道である。

〔火加減の調節〕

小窓を開閉し、火力を
調節する

ウチワであおぎ完全に
火をおこす

ウチワをパタパタたたくようにして、
火加減を自由自在に調節する

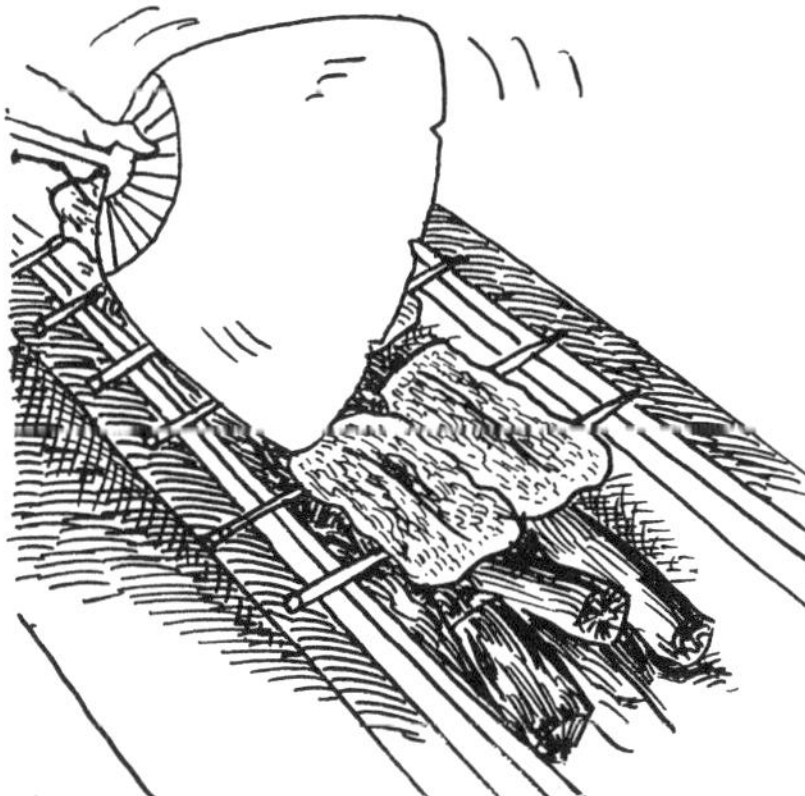

ウナギの蒲焼きには備長炭
が決まり文句

●なにかと重宝な炭グッズいろいろ

●網もこだわりを持って選ぼう

炭グッズはいろいろあるが、コンロを用意したら、次には金網にも気をつかいたい。

金網は升目タイプ、ひと升が長方形、四角、升目が大小などさまざま。七輪の場合は、形に合わせて網が丸いほうが、焼く際にじゃまにならないだろう。関東、関西ともに炭専門店のおすすめは、四角の升目網が小さく、しかも網の材質がストレートでなく波打っているもの。

「関西のほうでは、鉄ちゃんといって、モツをよく焼くので、そんなときに細かな升目でないと下に落ちてしまいます」とのこと。

安いものでは餅焼き網など四〇〇〜五〇〇円からあるが、長もちはしない。一般には鉄製のもので一五〇〇〜三〇〇〇円ほど、ステンレス製はその二〜三倍はする。だが、そのぶん耐久性はすぐれている。

●炭グッズをそろえると楽しい

神戸市の兵燃興業㈱がすすめてくれた炭グッズ一式は、コンロのほか、網、火おこし、十能、炭ばさみ、火消し壺。

火おこしを下で受けて運ぶ金属製の十能もいまはあまり使われなくなったが、やはりあると便利だ。火鉢があればぜひ欲しい一品。

炭ばさみは大きなレジャー用コンロならば六〇cmくらいの長いものがいい。アウトドア料理のさいになにかと重宝するのが、炭ばさみ。焚き火料理でも役立つ。

家庭用には火箸も持っていると便利。

このほか、着火剤、料理用の金串などを用意したい。道具もそろったし、ではいざ。

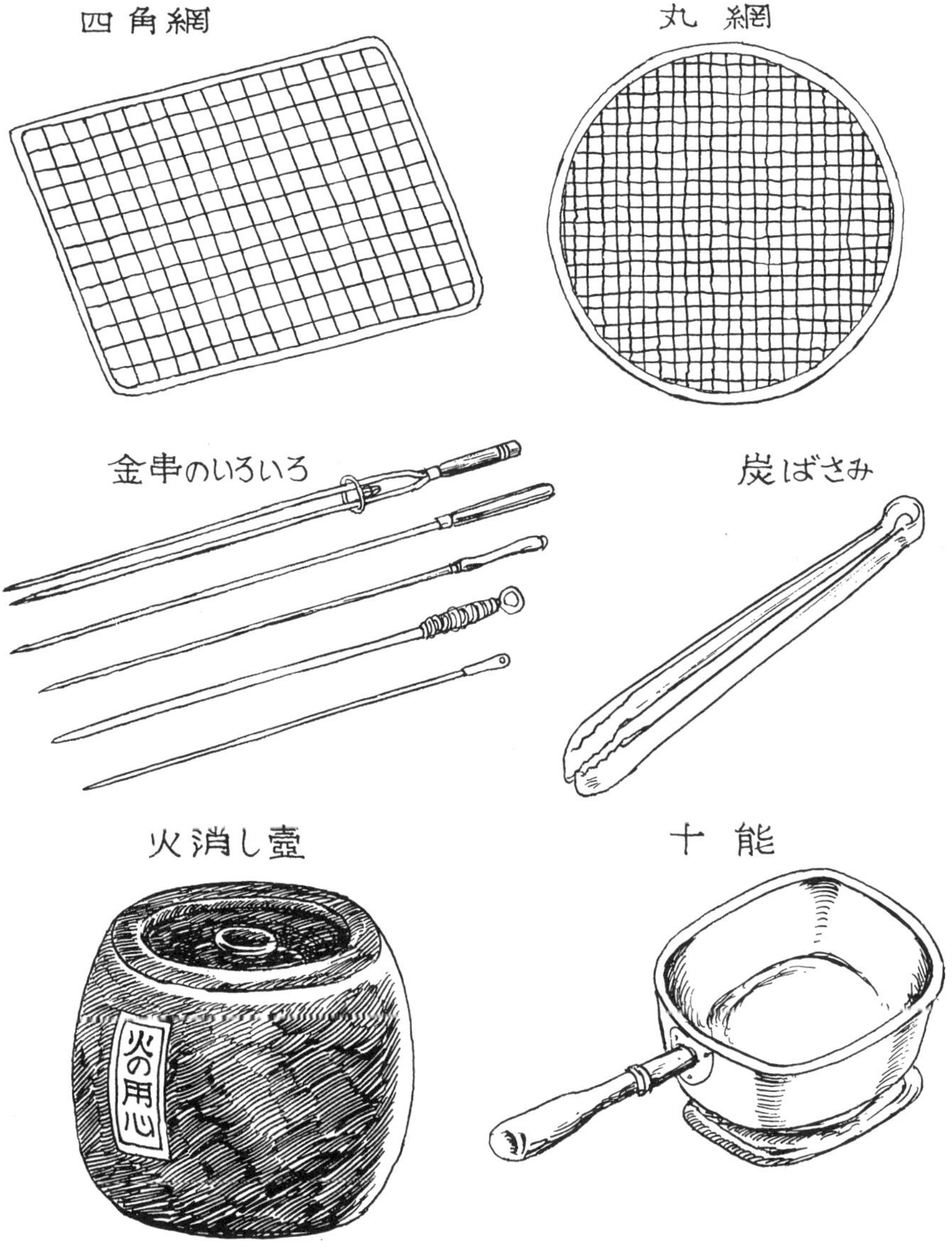
四角網
丸網
金串のいろいろ
炭ばさみ
火消し壺
火の用心
十能

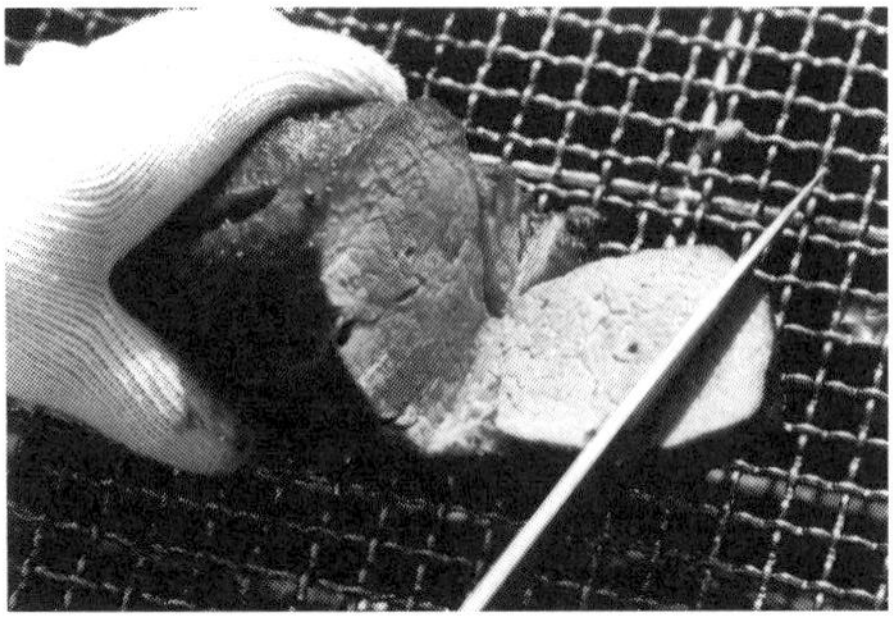

焼き上がった肉塊（牛ヒレ）を切りさばく

サンマは表も裏もしっかり炭火で焼く

●

デザイン――ビレッジ・ハウス
イラストレーション――楢 喜八
写真協力――小川清美　熊谷 正　大谷広樹
谷口彰史　白鳥浩一　伊藤文子
米澤松夫　ほか

編者プロフィール

●炭文化研究所

炭やきを自然と共生、共存する産業としてとらえ、エコロジー＆リサイクル型社会実現に寄与することを目的として設立。研究者、専門家、実践家の方々の指導や助言を得ながら炭やきの発祥、変遷、技術、分布、文化、さらに炭・木竹酢液・灰の在来的利用法、新用途などを研究。炭やき、炭・木竹酢液・灰に関する実態調査に取り組んだり、利用法などについても発信したりしている。編著に『エコロジー炭暮らし術』（創森社）など。

あっぱれ炭《すみ》火《び》料《りょう》理《り》

2024年10月16日　第1刷発行

編　　者――炭《すみ》文《ぶん》化《か》研《けん》究《きゅう》所《しょ》

発 行 者――相場博也

発 行 所――株式会社　創森社

〒162-0805　東京都新宿区矢来町96-4

TEL 03-5228-2270　FAX 03-5228-2410

https://www.soshinsha-pub.com

振替00160-7-770406

組版協力――有限会社 天龍社

印刷製本――中央精版印刷株式会社

ISBN978-4-88340-370-7 C0077

〝食・農・環境・社会一般〟の本

創森社　〒162-0805 東京都新宿区矢来町96-4
TEL 03-5228-2270　FAX 03-5228-2410
https://www.soshinsha-pub.com

＊表示の本体価格に消費税が加わります

未来を耕す農的社会
蔦谷栄一 著　Ａ５判２８０頁１８００円

育て楽しむ サクランボ 栽培・利用加工
富田 晃 著　Ａ５判１００頁１４００円

炭やき教本～簡単窯から本格窯まで～
恩方一村逸品研究所 編　Ａ５判１７６頁２０００円

エコロジー炭暮らし術
炭文化研究所 編　Ａ５判１４４頁１６００円

図解 巣箱のつくり方かけ方
飯田知彦 著　Ａ５判１１２頁１４００円

分かち合う農業CSA
波夛野 豪・唐崎卓也 編著　Ａ５判２８０頁２２００円

虫への祈り—虫塚・社寺巡礼
柏田雄三 著　四六判３０８頁２０００円

新しい小農～その歩み・営み・強み～
小農学会 編著　Ａ５判１８８頁２０００円

無塩の養生食
境野米子 著　Ａ５判１２０頁１３００円

図解 よくわかるナシ栽培
川瀬信三 著　Ａ５判１８４頁２０００円

鉢で育てるブルーベリー
玉田孝人 著　Ａ５判１１４頁１３００円

日本ワインの夜明け～葡萄酒造りを拓く～
仲田道弘 著　Ａ５判２３２頁２２００円

自然農を生きる
沖津一陽 著　Ａ５判２４８頁２０００円

シャインマスカットの栽培技術
山田昌彦 編　Ａ５判２２６頁２５００円

農の同時代史
岸 康彦 著　四六判２５６頁２０００円

ブドウ樹の生理と剪定方法
シカバック 著　Ｂ５判１１２頁２６００円

食料・農業の深層と針路
鈴木宣弘 著　Ａ５判１８４頁１８００円

医・食・農は微生物が支える
幕内秀夫・姫野祐子 著　Ａ５判１６４頁１６００円

農の明日へ
山下惣一 著　四六判２６６頁１６００円

ブドウの鉢植え栽培
大森直樹 編　Ａ５判１００頁１４００円

食と農のつれづれ草
岸 康彦 著　四六判２８４頁１８００円

半農半X～これまで・これから～
塩見直紀 ほか 編　Ａ５判２８８頁２２００円

醸造用ブドウ栽培の手引き
日本ブドウ・ワイン学会 監修　Ａ５判２０６頁２４００円

摘んで野草料理
金田初代 著　Ａ５判１３２頁１３００円

図解 よくわかるモモ栽培
富田 晃 著　Ａ５判１６０頁２０００円

自然栽培の手引き
のと里山農業塾 監修　Ａ５判２６２頁２２００円

亜硫酸を使わないすばらしいワイン造り
アルノ・イメレ著　Ｂ５判２３４頁３８００円

ユニバーサル農業～京丸園の農業／福祉／経営～
鈴木厚志 著　Ａ５判１６０頁２０００円

不耕起でよみがえる
岩澤信夫 著　Ａ５判２７６頁２５００円

ブルーベリー栽培の手引き
福田 俊 著　Ａ５判１４８頁２０００円

有機農業～これまで・これから～
小口広太 著　Ａ５判２１０頁２０００円

農的循環社会への道
篠原 孝 著　四六判３２８頁２２００円

持続する日本型農業
篠原 孝 著　四六判２９２頁２０００円

生産消費者が農をひらく
蔦谷栄一 著　Ａ５判２４２頁２０００円

有機農業ひとすじに
金子美登・金子友子 著　Ａ５判３６０頁２４００円

至福の焚き火料理
大森 博 著　Ａ５判１４４頁１５００円

図解 よくわかるカキ栽培
薬師寺 博 監修　Ａ５判１６８頁２２００円

あっぱれ炭火料理
炭文化研究所 編　Ａ５判１４４頁１５００円